LA EXCELENCIA DE LA FE

DR. NOSAYABA EVBUOMWAN

authorHOUSE

AuthorHouse™
1663 Liberty Drive
Bloomington, IN 47403
www.authorhouse.com
Teléfono: 1 (800) 839-8640

Editado y Escritorio Publicado por: Servicio de Consultoría de Rehoboth

Publicada por AuthorHouse   06/28/2018

ISBN: 978-1-5462-4864-4 (tapa blanda)
ISBN: 978-1-5462-4862-0 (tapa dura)
ISBN: 978-1-5462-4863-7 (libro electrónico)

Número de la Libreria del Congreso: 2018907500

Información sobre impresión disponible en la última página.

Este es un libro impreso en papel libre de ácido.

DEDICACIÓN

Este libro está dedicado a mi Señor y Salvador Jesucristo, cuyo amor, misericordia, gracia, favor, milagros y fidelidad continúa asombrándome.

Este libro también está dedicado a los hombres y mujeres que a pesar de todas las adversidades y desafíos de la vida, se han mantenido firmes en la fe y no renunciado a Dios.

Muchos hombres y mujeres de Dios han impactado mi vida de fe, especialmente el Arzobispo Benson Un Idahosa, Obispo J.B.S. Coker, Rev. Félix Omobude, Dr. Omadeli Boyo, Kenneth E Hagin, Obispo Margaret Wangari (Nairobi, Kenia) y mi esposa Dra. Anne Olufunmilayo Evbuomwan.

RECONOCIMIENTOS

Mi especial agradecimiento a mi capaz y amada esposa Dr. Anne Olufunmilayo Evbuomwan por su continuo estímulo y apoyo durante la redacción de este libro.

Muchas gracias se deben a mi amigo y colaborador Pastor Taiwo Ayeni, por su cuidada edición, sugerencias y formato.

Un especial agradecimiento a mi hermano, amigo y compañero de clase reverendo doctor Andrew Oda Eyeoyibo, un artífice de la palabra por excelencia por haber accedido a escribir el prólogo de este libro dentro de 24 horas.

El trabajo de transcripción inicial por el Pastor George Idagbe de mis mensajes de audio de la enseñanza en serie sobre este tema se agradece.

Muchas gracias se deben a Nancy Cervantez y Shwan Lee, voluntarios/ trabajadores de la comunidad de Eagle Believers International Church, Lewisville, Texas que desempeñaron un papel significativo en la mecanografía inicial de la transcripción manuscrita.

PRÓLOGO

El libro, 'La Excelencia de la Fe' es un libro sobre "la mera fe". No, la 'mera' ahora como en el ordinario, insustancial y sin importancia, sino usada en el sentido de C.S. Lewisian- tal como se utiliza en su libro, Mero Cristianismo- como el corazón, sustancia, esencia y estructura esquelética de la fe. Es un libro que tiene de todo. Cuenta la historia del mundo, historia de la iglesia, teología, estudios bíblicos, exégesis y exhortación pastoral práctica. Es un libro cargado con testimonios no sólo de los héroes bíblicos generacionales y otros, sino también del escritor. Es una historia humana; un documento viviente, que respira y vital. Nosa al ser un matemático y un ingeniero, se esperaría que implemente el lenguaje de los números para establecer sus puntos, pero es sorprendente que implemente con mayor habilidad el arte del gramático. Habla de los adjetivos, pronombres, sustantivos y preposiciones de fe. Utiliza lenguaje filosófico al hablar de las proposiciones de la fe. Sin embargo, este no es un libro inaccesible que sólo puede ser leído por estudiosos. Utiliza frases cortas, oraciones contundentes de una manera que me hace pensar en Hemingway. Cuenta historias; él es muy anecdótico. Él lidia con el miedo y la falta y la escasez. Él no tiene miedo de hablar sobre la controvertida cuestión de dinero. Él establece los mínimos irreducibles de nuestra fe o de 'la fe' (la Didaché), como él dice. La fe en Dios como Padre, Jesús como el Hijo y el Espíritu Santo como consolador. Una fe bíblica, no hace falta decir. Este libro es un festín leíble. Es una mesa llena de viandas y viñetas de escrituras y puesta delante de amigos y enemigos. El lenguaje es feliz y clemente. No es estridente, incluso al indicar algunos distintivos muy desvergonzados y aparentemente polémicos de la fe. Es un libro sobre ambos, los principios y la práctica de la fe. No es fe enseñada detrás de las paredes verdes de un seminario. Sino una fe vivida arraigada en un encuentro con el Dios de la fe, el Señor de la fe y el espíritu de fe. Este libro es un compendio exhaustivo de la vida cristiana que, aunque centrado en la fe, toma en general otros temas de la esperanza, el amor, la nueva creación en Cristo, vivir una vida santa y más y más. Podría haberse titulado, Creciendo espiritualmente. La exposición sobre Hebreos 11 por sí sola justifica el precio de este libro. Al leer el libro Yo, literalmente, sentí mi fe crecer y expandirse. Debo parar, para que usted pueda llegar rápidamente al evento principal- la lectura del libro. Es literalmente absorbente, debido al flujo de la narrativa y la urgencia y la primacía de los asuntos escudriñados dentro. Si los justos vivirán por su fe como el libro nos dice ellos son exigidos cuatro veces, por lo que la importancia de este libro no puede en ningún caso ser exagerada. Por favor, leerlo, devorarlo y comprar muchas copias como regalos.

Reverendo Doctor Oda Andrew Eyeoyibo
Pastor Principal
Ezra House- a word of love Church
Akowonjo, Lagos, Nigeria.

CONTENIDO

INTRODUCCIÓN

Juan introduciendo su epístola en 1 Juan 1:1 declara:

"[Estoy escribiendo acerca de] Lo que era desde el principio lo que hemos oído, lo que hemos visto con nuestros ojos, lo que hemos contemplado, y palparon nuestras manos...".

Vivimos en una generación que está cuestionando la palabra de Dios y la realidad de la verdad que creemos. En la discusión de **la excelencia de la fe cristiana**, igual que el apóstol Juan, este autor estaría compartiendo de, no sólo un sistema teológico y/o de creencias, sino también de una manera práctica, pruebas y perspectiva basada en la experiencia. Dios es el origen de la fe que tenemos y es el enfoque central de la discusión de la fe.

¿Por qué es suprema la fe cristiana?

Los cristianos tienen que luchar por lo que creen y no ceder en la derrota. Admito que tengo fuertes convicciones en y sobre el Señor Jesucristo. Como parte de mi núcleo de fe y sistema de creencias, amo a todo el mundo; Me encanta la humanidad, independientemente de la raza, el estado, el sexo, la orientación sexual, o cualquier otra categorización. Puedo salir de paseo con cualquiera de ellos. Como dijo Pablo: Yo personalmente *"...Sé vivir humildemente, y sé tener abundancia..."* (Fil 4:12). Mi amor por cada ser humano lo hace titular en mí a decir verdad.

Nuestra santísima fe es lo que llamo el adjetivo de fe. Hay una fe, y es conocida como la fe. La fe es una verdadera fuerza espiritual que produce resultados tangibles. Esta es una razón por la que podemos hablar de héroes de la fe en Hebreos 11. El tipo de obras que hicieron a través de la fe fue tan excepcional que historiadores de la Iglesia etiquetaron los protagonistas en Hebreos 11 como héroes de la Fe. Se nos aconseja en Judas 20 a *"...edificándoos sobre vuestra santísima fe..."* ¿Qué es la fe? Es la clase de fe de Dios.

Permítanme comenzar declarando que todos tienen fe. Incluso los ateos también tienen fe. Sólo tienen fe en sí mismos y pasan tiempo ejerciendo fe en la idea de la no existencia de Dios. Así que todos tenemos fe. La fe en un sentido general, es lo que usted cree. Al igual que cuando uno se sienta en una silla, usted cree que esta no colapsará bajo usted o cuando al ir dentro de su auto usted creía antes de dar ignición al motor que iba a encender. Eso no significa necesariamente que se está ejerciendo la fe cristiana. **Así que no hay un vacío de la fe - todo el mundo ejerce la fe.** Cada uno tiene cierto nivel de fe, pero para los cristianos, nuestra fe se basa en la palabra de Dios; que se basa en el Dios Trino.

Si usted es un cristiano, usted debe saber que hay Dios el Padre, Dios Hijo, y Dios el Espíritu Santo. No se puede decir que es un cristiano si usted no cree en el Dios Trino. Sabemos que es Dios el padre que hizo y creó el mundo, Dios el hijo, que vino a morir por nosotros, y Dios el Espíritu Santo que habita y nos da poder a través de la gracia.

Ahora mismo Jesucristo, que solía caminar por las orillas de Jerusalén no está aquí, así que ¿Cómo sabe usted que cree en el verdadero Jesús? No importando las preguntas o dudas que se atreviesen en su mente, sabemos que está aquí por su espíritu, y también el hecho de que el Espíritu Santo mora en nosotros. Lo llevamos a nuestras casas, nuestros autos y a todas partes. Además, se sabe que la presencia manifiesta del Señor Jesucristo en medio de nosotros se demuestra por el trabajo activo del Espíritu Santo.

Nuestra fe se basa en la verdad fundamental de que Dios el Padre va a juzgar al mundo por medio de Jesucristo, Dios el Hijo. Mi fe no sólo se basa en el hecho de que voy a la iglesia, o de que en mi familia son cristianos, por lo tanto soy un cristiano. Su fe debe estar basada en la verdad de la existencia del Dios Trino; Dios Padre, Dios Hijo, y Dios el Espíritu Santo. Esta es la fe que tiene sus raíces en Dios, o podemos llamarla **fe arraigada.**

Creo que la fe cristiana es suprema, y hay una excelencia al respecto. Esta es la premisa de este libro, que intenta dar un tratado equilibrio al tema de la fe cristiana.

El libro comienza con una exploración del tema de Nuestra Santísima Fe. En el segundo capítulo, la frase "el justo vivirá por la fe" es examinada exhaustivamente sobre la base de los principios fundamentales. El propósito y la justificación de la fe se discute ampliamente en el capítulo 3. El cuarto capítulo trata de los pronombres de la fe -que es el hecho de que nuestra fe es personal. No se puede depender únicamente de la fe de otra persona; usted tiene que tener su propia fe para operar aquí en la tierra.

Las preposiciones de fe, - es decir, la fe es tangible y conjeturas se explican en el capítulo 5. Hebreos 11 constituye la base para la discusión de algunos de los héroes de la fe en el Capítulo 6. Los tipos y niveles de fe y obstáculos a la fe forman los temas de los capítulos 7 y 8 respectivamente. Atributos clave importantes de la fe se discuten en el capítulo 9 y el Capítulo 10 analiza en manera de paso a paso, el vivir por fe desde una perspectiva práctica. El libro concluye con la verdad que la Fe bíblica SOLO funciona por AMOR.

CAPÍTULO 1

Nuestra Santísima Fe -

La palabra 'la' es un artículo definido que ayuda a describir la palabra 'fe' como estado único de cosas. En general, todo el mundo cree o tiene fe en algo. Para los ateos célebres, se puede decir que creen o tienen fe en sí mismos. No un hay vacío de fe. El espíritu del hombre quiere y tiene fe en una persona o cosa. La base de muchos grupos religiosos es la creencia en un poder superior llamado por varios nombres en estos grupos. Así que la palabra fe se utiliza comúnmente para representar la propia creencia y prácticas.

Todo el mundo tiene algún tipo de fe, y la fe en un sentido general es lo que usted cree. Como sentarse en una silla y creer que no va a colapsar bajo usted. Esto no es necesariamente la fe cristiana. Para los Cristianos, nuestra fe se fundamenta en el Dios trino, es decir, Dios el Padre, Dios Hijo y Dios Espíritu Santo. Esta fe está completamente basada en la integridad de la Biblia del que se derivan los preceptos del sistema de la creencia cristiana. El Cristiano cree en Dios Padre como el creador de todas las cosas incluyendo el cielo y la tierra, en Dios Hijo como Salvador y Señor, que se manifestó (encarnado) en carne humana para morir como un sustituto por nuestros pecados y en Dios Espíritu Santo que habita en cada creyente en Cristo hoy, y dirige sus actividades de acuerdo con la voluntad de Dios.

En este momento Jesús no está aquí, así que ¿cómo sabe usted que cree en el verdadero Jesús? No importa las preguntas o dudas que atraviesan su mente, sabemos que Él está con nosotros por medio de su espíritu. También tenemos la evidencia que su presencia reside en nosotros, y Él está con nosotros en todas partes. La razón por la que puedo hacer esta declaración es que desde que he dado mi vida a Cristo, he librado muchas batallas, pasado por muchos valles y escalado muchas montañas; y aun así todavía estoy arraigado en Jesús. La fe cristiana puede no ser visible, pero no puede ser derrotada y eso es lo que muchos cristianos necesitan aprender.

Algunos cristianos son ignorantes de esta fe. Se fijan en un hombre o una mujer y reducen su vida cristiana a como se ve ahora, tienen ahora o a su estado actual en la vida. Carecen de una comprensión de lo que dijo el Señor Jesús en Juan 3: 8:

"El viento sopla de donde quiere, y oyes su sonido; mas ni sabes de dónde viene, ni a dónde va; así es todo aquel que es nacido del Espíritu."

No tenemos una idea del total destino de una persona en la vida, y por lo tanto debemos dejar de tratar de predecir. Es el Señor quien tiene esa prerrogativa, y hay que entender eso. También hay que tener cuidado en este sentido, porque nuestra fe tiene sus raíces en el Señor. Por eso Jesús en su palabra anima a los creyentes para asegurarse de que nuestros corazones no son como el borde del camino, terreno espinoso o pedregoso, sino la buena tierra, donde la palabra de Dios puede crecer y producir mucho fruto con eficacia.

Además, la fe cristiana es absoluta y completamente dogmática sobre la realidad y la tangibilidad de Dios. Esta fe cree en un Dios vivo que participa activamente en nuestras vidas. Cree en el todo poderoso, omnisciente y un universalmente presente Dios, con quien tenemos una íntima relación y amistad. Esta fe no es temporal, es eterna, y tiene una permanencia que continua en la vida más allá del presente. Esta fe deliberadamente obra y asocia con el Dios vivo en la actualización de Sus planes y propósitos en la tierra. No hay duda en que Judas la llame **"... vuestra santísima fe..."** (Judas versículo 20).

Muchos no cristianos tienen a menudo un desafío en cuanto a la precisión y totalidad de la fe cristiana. ¿Qué significa eso? Jesús es el único camino. A algunas personas no les gusta escuchar eso, pero la verdad es que Jesús es el único camino. Un ejemplo es el caso de uno de los ministros fundadores de nuestra iglesia local, Eagle Believers International, que ahora es un pastor en el centro de Dallas, Texas. Llegó a los Estados Unidos como un musulmán, y vivía en ese momento en Arlington, Texas. Un día, una joven lo miró y dijo "¡sirves a un profeta falso!" Y durante tres días él no pudo dormir. El pensamiento le atormentaba hasta que entregó su vida a Jesús.

Luego de haber sido salvo, una noche espíritus demoniacos llegaron a atacarlo, y esa noche no recordó a Allah, sino que recordó a Jesús, quien se presentó por él. Es por eso que él está ferviente en Jesús hasta hoy y dirige un ministerio de la iglesia a las personas sin hogar en el sur de Dallas.

No deje que sus amigos le engañen. Jesús es el único Camino, la única Verdad y la única Vida - (Juan 14:6). Sin Jesús, no hay vida y Él es la respuesta para el mundo. El Dios que servimos no es mera filosofía, ¡Él es verdadero y real! Si Él es sólo mera filosofía, entonces no hay punto en adorarlo. Él es un Dios tangible y real. Él tiene ojos, oídos, boca, manos y piernas. Estoy seguro de que debe haber leído a partir de las declaraciones metafóricas de la Biblia sobre el dedo de Dios, o de la mano de Dios (?)

Usted personalmente debe saber más allá de cualquier duda razonable que su Dios es un Dios vivo. Doy gracias a Dios sin importar lo que he pasado, nunca tengo que dudar de la realidad de Dios. En toda mi vida cristiana, Dios ha hecho cosas para mí que solo Él podría haber hecho, y no me puede convencer de lo contrario. Vi la gracia, como un joven que sabía que esto estaba más allá de mí entendimiento. Así que sé, esto no se trata de mí, esto es acerca de Dios que puede interferir en los asuntos de los hombres.

Por ejemplo, cuando fui salvo, pude leer durante unas horas que tenía, y comprendí lo que previamente leí por muchas horas. No me puede decir que esto es mera inteligencia humana, - es la gracia de Dios actuando. Para su información hay súper inteligencia de Dios, y Él puede bendecir su memoria, finanzas, salud, y hacer algo que nadie más puede hacer. Por esta razón, es importante que su fe este arraigada en ese tipo de Dios. Pablo dijo en 1 Corintios 2: 1-5 que:

"Así que, hermanos, cuando fui a vosotros para anunciaros el testimonio de Dios, no fui con excelencia de palabras o de sabiduría. Pues me propuse no saber entre vosotros cosa alguna sino a Jesucristo, y a éste crucificado. Y estuve entre vosotros con debilidad, y mucho temor y temblor; y ni mi palabra ni mi predicación fue con palabras persuasivas de humana sabiduría, sino con demostración del Espíritu y de poder, para que vuestra fe no esté fundada en la sabiduría de los hombres, sino en el poder de Dios."

Vemos aquí a Pablo mostrando que siempre determinó, deseó y buscó por la manifestación del poder de Dios en todas sus predicaciones. Es una necesidad para Dios confirmar la predicación de su palabra con señales que la prosigan (Marcos 16:20).

Por esta razón, su fe debe ser firme, dogmática y arraigada en Dios. Este es el tipo de fe que cree en el Dios vivo, y que es activo en su vida. Algunas personas pueden cuestionar su fe en un Dios que usted no ve, pero no se desanime. Quizás no lo puede ver, pero Él está activo en su vida y eso debe ser suficiente evidencia para usted. No está lejos de usted. Él escucha sus oraciones. Él está con usted cuando usted se despierta por la mañana, en su trabajo, y cuando regresa a casa.

Nuestra fe tiene sus raíces en el Dios todo poderoso (Omnipotente), el Dios que todo lo sabe (Omnisciente), el Dios que está en todas partes (Omnipresente). El Dios que lo sabe todo y Él es el Dios todopoderoso y no importa por lo que esté pasando en la vida, Dios puede cambiarlo. Es por eso que el Señor Jesús dijo en Marcos. 11: 22

"Tened fe en Dios".

Dios está activo, y está involucrado en nuestras vidas y no restringido por la distancia o ubicación.

"Porque todo lo que es nacido de Dios vence al mundo; y ésta es la victoria que ha vencido al mundo, nuestra fe" (1 Juan 5: 4).

Cuando estaba en África, ÉL estaba conmigo y me superé. Cuando fui a Europa, superé allí también, y poseía la tierra. No fue por mí, fue debido a quien llevaba, y de quien soy. No se deje intimidar por el sistema en los EE.UU. y el mundo. Puede poseer la tierra en este país y en cualquier lugar que Dios le coloque. La razón es que la Biblia dice en 2 Corintios 4: 7 que: *"...tenemos este tesoro en vasos de barro, para que la excelencia del poder sea de Dios..."*

El ejercicio de esta fe individual en la obra terminada del Señor Jesucristo en la cruz, su entierro y resurrección, se traduce en una vida transformada y audaz como un Hijo de Dios (Juan 1:12). A continuación, se convierte en una nueva creación de Dios (2 Corintios 5:17) y un ser recreado, dado vida y nacido de nuevo por el Espíritu de Dios - (Juan 1:13 y Juan 3: 1-8). Es una Fe Santa, porque lo coloca aparte del sistema del mundo y para Dios como uno de su pueblo adquirido (1 Pedro 2: 9).

Muchos de nosotros tenemos que entender que el nacer de nuevo no se trata sólo de ir a la iglesia, es más y se trata de llevar la divinidad, y la vida de Dios en nosotros. Es una vida victoriosa. Donde quiera que vaya, usted va a superar. Por ejemplo, en la década de 1980 como un adolescente fui con un grupo a una divulgación a aldeas, y confronté magos y brujas en sus santuarios. Después de orar tanto como en lenguas y nuestro entendimiento, al final de esa noche, el sumo sacerdote dijo que estas personas me habían desconectado de mi medio. Amado, no tenga miedo el poder de Dios en usted puede hacer lo imposible, pero debemos ejercer nuestra fe para hacer proezas para Él. La fuerza detrás de estas hazañas se debe a que nuestra fe no es temporal, sino permanente y anclada en el Señor Jesucristo. Pablo dice en 1 Corintios 15:19:

"Si en esta vida solamente esperamos en Cristo, somos los más dignos de conmiseración de todos los hombres.".

Las bendiciones de Dios inspiradas por esta fe no se limitan solo a este mundo, trascienden la tierra. Es por eso que su fe cristiana no debe ser solo sobre obtener cosas materiales - casa, coche, trabajo, esposa o esposo. Sí, Dios le bendecirá con una casa, coche, trabajo, esposa o esposo, pero la fe cristiana implica mucho más que eso, y no es solo por o sobre cosas. Sin embargo, aquí es donde muchas personas están, y es lo que llamo una cristianismo unilateral. Estos son como Efraín, una torta no volteada (Oseas 7: 8). Sólo conocen el Dios que provee cosas materiales; es decir, el Dios del "dame, dame". Así que el día que Dios no les da lo que quieren, caminan hacia fuera de Él. Solo saben acerca de la mano de Dios, como los israelitas que sólo se conocían los actos de Dios, pero no Sus caminos (Salmo 103: 7).

Esta fe no es temporal y así que no está tentado a pensar el día que no ve las cosas suceder, significa que Dios no está allí de nuevo. Más vale creerlo, Él está con nosotros para siempre y *"Todo aquel que en Él cree, no se pierda, mas tenga vida eterna."* (Juan 3:16).

Nuestro Dios no tiene principio ni fin. Su relación con nosotros no es solo para aquí. La fe que usted vive ahora trascenderá en la vida después de la muerte. Si usted no cree que Jesús viene otra vez, entonces usted puede tomar su Biblia como un libro más. Si usted no cree que haya vida después de la muerte, entonces ¿por qué es usted cristiano? Hay vida después de la muerte y su vida no termina aquí.

De hecho, el reino que no vemos es mayor que el que vemos. Hay personas que han muerto, fueron al cielo y regresaron. Una de las cosas más destacadas que les he oído decir era que vieron colores que no han visto aquí en la tierra y oyeron sonidos de música que nunca han oído antes. Aquí no hay nada comparado con la belleza del cielo. Por esta razón, muchos de ellos oraron para no regresar. Sin embargo, algunos regresaron debido a que sus seres queridos oraron a Dios que por favor los enviara de nuevo a ellos, y Dios lo hizo.

También hay testimonios de algunos incrédulos que vieron el cielo, volvieron a la tierra, se arrepintieron y prometieron no perder el cielo. Las vidas de los que ya eran cristianos cambiaron. Su actitud ante la vida cambió, las cosas que solían moverlos no los mueven ya más, porque estaban pensando en la vida más allá de aquí.

Nuestra fe es para la vida de más allá la cual tiene una esperanza eterna y que es *"... Cristo en vosotros, la esperanza de gloria."* (Colosenses 1:27). Nuestra fe tiene una esperanza arraigada en Cristo, y esto realmente es nuestra vida. Se trata de la vida aquí y en adelante. Esto es acerca de cuándo Jesús venga, ¿dónde estarás? Cuando su vida en la tierra haya terminado y esté delante del juicio del trono blanco, ¿qué va a pasar? Esta es una de las razones por las que su fe no debe ser mediocre. No debe ser una casual o una broma.

Esta fe le ha costado a la gente sus vidas, sus familias y toda su riqueza. Esta fe tiene una esperanza eterna, y es muy deliberada. Esto significa que nuestra fe deliberadamente obra y asocia con el Dios vivo. Déjeme explicar. Usted no es un accidente en la tierra, Dios invirtió en usted, y se asoció con usted para cumplir una misión para Él aquí en la tierra. Usted es uno de usted, y es el único como usted, es la razón por la cual si falla, es un fracaso colosal. Por lo tanto, no es suficiente decir: "Aleluya, soy nacido de nuevo, y lleno del Espíritu Santo, Amén. Bendito sea el nombre del Señor". Luego, a partir de entonces sentarse. No, pero eso es lo que la mayoría de los cristianos están haciendo hoy en día, sin embargo, usted debe dar el paso hacia Su propósito para su vida.

Muchos de nosotros los cristianos somos salvos, pero no nos movemos a lo que yo llamo Mayordomía y permitir al Señorío de Jesucristo dominar nuestras vidas. Tenemos que tomar posesión del reino, y verlo como nuestro. Creo que parte de las obras de mi fe en Dios es de tomar posesión de su Reino. En cualquier iglesia en la que he estado en África, en Europa y en los EE.UU., he participado intensamente con ellos como el negocio de mi Padre y por lo tanto recibirla como mía. Me interso por Jesús que me salvó. Soy un servidor no de una iglesia o una denominación, sino un siervo de Jesucristo, así que tomo posesión del reino. No me interesa en qué denominación se encuentra, por cuanto usted está en Cristo, usted es mi hermano o hermana. Eso es lo que la Biblia enseña y yo realmente creo.

Esta fe se asocia con Dios, de modo que cuando entro en una ciudad, o una iglesia local, mi primer pensamiento debe ser, Señor ¿qué me harás hacer?, ¿Qué es lo que se supone tengo que hacer para avanzar en tu propósito? Así que cuando pago mis diezmos y ofrendas, no es para el pastor, es para que la vianda esté disponible para el uso del reino. Para algunos de nosotros es una cuestión de dónde está su corazón está su tesoro. Quiero retarlo, cambie el enfoque de su tesoro para el reino de Dios. Si esto depende de la iglesia, el cuerpo de Cristo no estará donde nos encontramos hoy. Ya sea en África, Europa, o en cualquier lugar no vamos a estar donde estamos, si los que se llaman cristianos invierten en el reino.

La fe que tenemos y nuestros recursos deben ser liberados en y para el reino. Debe ser utilizada para asociarse con Dios. ¿Sabe por qué Jesús fue tan exitoso? Una palabra y está en el Salmo 40: 7-8: *"...He aquí, vengo; En el rollo del libro está escrito de mí; El hacer tu voluntad, Dios mío, me ha agradado..."*

Así que hay una voluntad de Dios para su vida. Hay socios de fe con Él, para llevar a cabo la voluntad de Dios. Su voluntad no es mi voluntad, y el llamado de Dios para usted no es el llamado de Dios para mí. Es por eso que no tengo tiempo que perder analizando personas. Sólo me concentro en mí mismo.

Necesito tener éxito en lo que Dios me ha llamado a hacer. El llamamiento de Dios en mi vida es a lo que estoy llamado a hacer. Debo asociarme en esta fe. ¿Y usted? ¿A qué le ha llamado a hacer Dios? ¿Por qué está en la tierra? ¿Sabe por qué está en la tierra? ¿Sabe por qué usted está en la ciudad o país que se encuentra ahora mismo? ¿Sabe por qué está en la iglesia a la que asiste? ¿Ha respondido estas preguntas? Son preguntas que debe responder para avanzar en su fe cristiana. Es por eso que Judas lo llama "Nuestra santísima fe" (Judas 20).

De hecho, el cristianismo no es una religión y no es una forma de vida tampoco. El cristianismo es vida. El cristianismo es Jesús. ¿Tiene a Jesús? Sin Jesús, no hay vida. Esa es la cuestión principal. Por lo que nuestra fe es una fe santa, es decir, una fe apartada. Esta santísima y de hecho elevada fe se lleva a cabo cuando llegamos a conocer a Dios como el único Dios verdadero y a Jesucristo a quien Él envió para redimirnos. Sucintamente, dijo el Señor Jesucristo en Juan 17: 3:

"Y ésta es la vida eterna: que te conozcan a ti, el único Dios verdadero, y a Jesucristo, a quien has enviado..."

El Señor Jesús es el centro de esta fe, y se basa en la vida eterna. Es la fe que cree en el único Dios verdadero, y hay un solo Dios verdadero. Todo otro dios es un dios falso, y son criaturas de los hombres. El que no es el Dios de Jesús es un dios falso. Me preguntarán, ¿quién es el verdadero Dios? Él es el padre de Jesús. Si usted no es el padre de Jesús, entonces usted es un dios falso. Esta fe que es de hecho "LA FE" cree que el Dios, que envió a Jesucristo al mundo, es el ÚNICO Dios verdadero.

Y Juan 1:12 nos dice:

"Mas a todos los que le recibieron, a los que creen en su nombre, les dio potestad de ser hechos hijos de Dios" (Juan 1:12).

Esta fe, sobre la que estoy escribiendo, obra por amor y es verdadera y eterna. La verdadera fe obra por amor (Gálatas 5:6). Nuestra fe es suprema ya que se basa en amar, dar y perdonar a los demás. Si digo que soy un hijo de Dios, mi modus operandi y principal forma de operar deben ser siempre por amor. Así, en todo lo que diga o haga, la pregunta que debe preguntar a mí mismo es, "¿es esto motivado por amor?" Cuando dice chismes sobre ese hermano o hermana, ¿es eso amor? ¿Cuándo mantiene rencor contra alguien en su corazón, es eso amor? ¿Cuándo no saludas aquel hermano, es eso amor? Esa no es la fe de Dios.

Esta fe obra por el amor. Su fe es tan poderosa como su vida amorosa, y no puede producir resultados para usted a menos que sea basada en el amor, y operada y arraigada a través del amor. No se basa en el odio, el egoísmo, el orgullo, la arrogancia, sino que tiene sus raíces en el amor. Así que si de verdad amo a Dios, debo amar al pueblo de Dios. A esto le llamo la cruz de amor. Por esta razón, usted debe examinar su cristianismo, como Pablo dijo en 2 Corintios 13:5 *"...si estáis en la fe; probaos a vosotros mismos ".*

¿Qué lo impulsa como cristiano o que le motiva? ¿Es auto-engrandecimiento o el amor de Dios? No debe haber ninguna duda en su mente que Jesús vino a este mundo como un hombre, que murió como un hombre y se levantó de nuevo. Está vivo; Si alguna vez duda de las etapas de vida de Jesús, entonces su fe es defectuosa. Si usted está confundido acerca de eso, lea 1 Corintio 15, estudie y mire el argumento de Pablo, acerca de la resurrección. Si Jesús no resucitó, está perdiendo su tiempo al seguirlo.

No debe haber ninguna duda en su mente que resucitó. Fui a Israel en 2001 con mi esposa y vi su tumba vacía. Usted no tiene que ir a Israel para creer. Ya había creído antes de ir a Israel, y no tuve que ver la tumba vacía para creer. Jesús cambió mi vida y así es como sé que está vivo. Él me transformó, me dio paz, y gozo indescriptible. Nuestra fe debe ser audaz y basada en el Hijo de Dios. Esta fe se basa en la regeneración que Jesús hace, como se dice en 2 Corintios 5:17. Esa es nuestra fe, y cree en una vida transformada, donde somos cambiados de ser un pecador a un santo. Cuando es un nacido de nuevo, es una nueva creación, usted es un santo de Dios porque la Biblia dice: *"Al que no conoció pecado, por nosotros lo hizo pecado, para que nosotros fuésemos hechos justicia de Dios en él."* (2 Corintios 5:21)

Él ha atribuido en usted Su justicia que, aunque no tenía pecado, sin embargo, se hizo pecado para que usted puede llegar a ser justo. Hubo un intercambio. Respecto a este hecho Colosenses 1:13 expresó claramente que Dios *"...nos ha librado de la potestad de las tinieblas, y trasladado al reino de su amado Hijo"*

Cuando usted no ha nacido de nuevo, está bajo la jurisdicción del diablo, pero el día en que nace de nuevo, usted se convierte al reino del amado Hijo de Dios. El mayor engaño del diablo es hacer creer que usted todavía está bajo su jurisdicción o control, por lo que nada ha cambiado. La verdad es que está en el reino de Dios, pero su mente sigue pensando sobre el mundo y sus caminos de pecado.

¿Recuerda cómo los israelitas se resistieron a Moisés, diciendo déjanos en paz? ¿Quieres hacernos morir en el desierto? Usted sabe que cuando un cristiano nace de nuevo, y empieza a tener problemas; él o ella dirá "no debí haberme hecho cristiano, cuando era un incrédulo nunca solía tener este tipo de problemas." La razón por la que piensan de esta manera es porque su mente no ha sido renovada.

Como creyente, para superar las tentaciones, usted tiene que considerarse muerto definitivamente al pecado y vivo para Dios (Romanos 6:11). Era un esclavo del pecado; pero ahora se ha convertido en un esclavo de la justicia. Eso es lo que Romanos capítulo 6 nos enseña. Si usted está en Cristo hay una novedad de vida, ha nacido de nuevo y debe haber evidencia. Es por eso que Santiago desafió a los cristianos de la iglesia primitiva, no esten diciendo que son cristianos de boca, sino muéstrame tu fe por tus obras (Santiago 2:18).

Usted no es salvo por obras. La salvación es por gracia que es la raíz. Si usted tiene la raíz, hay que ver el fruto. Si tiene a Jesús como su raíz, entonces, muéstrenos el fruto de Jesús o sus obras. Eso es lo que Santiago estaba diciendo, y por ellos usted produce la evidencia de que realmente algo ha sucedido en su vida. ¿Cómo sabía que me había convertido en un cristiano? Tomé una pluma y papel; escribí una carta de disculpa a dos de mis compañeros de clase con quienes había peleado. Ningún pastor me enseño esto, sin embargo, tan sólo tenía catorce años de edad. Cuando ha ocurrido algo dentro de usted, habrá evidencia externa física. De modo que si alguno está en Cristo, es una nueva creación. Esta fe santa le distingue como: *"... linaje escogido, real sacerdocio, nación santa, pueblo adquirido..."* (1 Pedro 2: 9).

Por otra parte, está apartado para que: *"... anunciéis las virtudes de aquel que os llamó de las tinieblas a su luz admirable..."* Por lo tanto, no puede comportarse como sus amigos que aún son no creyentes. Sé que trabaja en el mismo hospital, escuela u oficina de contabilidad, pero usted es un cristiano ahora. Debe haber evidencia de que usted es una persona adquirida por Dios.

El estándar para su camino de fe no debe ser fijado por los medios de comunicación o la cultura de la sociedad y los que le contradicen. Debe conocer las escrituras para construir una base sólida para su fe. Estamos obligados en 2 Timoteo 2:15 a:

"Procura con diligencia presentarte a Dios aprobado, como obrero que no tiene de qué avergonzarse, que usa bien la palabra de verdad"

Usted no puede permitirse ser un cristiano sin educación, debido a que el conocimiento de su fe y convicciones serian cuestionadas, y siempre hay que *"...estad siempre preparados para presentar defensa con mansedumbre y reverencia ante todo el que os demande razón de la esperanza que hay en vosotros"* (1 Pedro 3:15)

Es decepcionante que hay demasiados cristianos sin educación por ahí. Ellos no conocen la Biblia, y por lo tanto no saben la verdad. Por lo que fácilmente se le puede mentir e influir en la dirección equivocada. Cuando se me confrontó sobre el Evangelio, miré a la Biblia. También revisé la historia de mi libro de texto porque en ese momento, no estaba tan seguro, que Jesús no era un cuento de hadas. Los libros de texto de historia revelaron que había un hombre llamado Jesucristo y Él estaba en Israel y murió y dijeron "resucitó". Así que la historia me confirmó que lo que la Biblia dice acerca de Jesús es verdad.

Así que en primer lugar comencé a partir de la historia, y luego miré la biblia. Sin embargo, cuanto más leía la Biblia más me daba cuenta de que la Biblia es verdadera, y que mi fe no es una fe ciega. Hay evidencias basadas en la historia, la arqueología, la naturaleza y las ciencias naturales y físicas también. Hace muchos años, leí un periodista muy inteligente, Lee Strobel, que quería disputar la veracidad del cristianismo, pero cuanto más investigaba, más problema enfrentaba en demostrar que Dios no existe. El testimonio es que en el proceso, antes de que pudiera terminar el primer libro se convirtió en un cristiano nacido de nuevo. Él a este tiempo ha escrito muchos libros, acerca de la evidencia de la fe que tenemos y experimentamos.

La historia de Josh McDowell, que en su búsqueda de la verdadera fe encontró a Cristo, vale la pena mencionar aquí también. Su búsqueda comenzó como un adolescente cuando fue presionado a encontrar respuestas a tres preguntas básicas: "¿Quién soy yo? ¿Por qué estoy aquí? ¿A dónde voy?" En el análisis final, sus compilaciones de sus descubrimientos fueron documentados en una serie de libros titulada 'Evidencia que exige un veredicto'. En sus propias palabras "Tuve que admitir que Jesucristo era más que un carpintero. Él era todo lo que decía ser."

Así que mis queridos lectores, nuestra santísima fe no es una fe ciega. Tiene base probatoria en la historia, la arqueología, naturaleza, ciencias naturales y físicas, así como en la palabra de Dios. No es una fe estática, sino una que crece. Puede comenzar como una semilla de mostaza, pero sigue creciendo en el conocimiento, la revelación, el poder y la influencia al uno seguir el mandato de Judas para desarrollarnos a nosotros mismos en nuestra Santísima Fe.

Es una fe que produce pruebas y resultados tangibles y la transformación de influencia en la vida humana sin distinción de raza, cultura, clase o género. Está disponible para todos en cualquier momento, en cualquier lugar y en cualquier caso. Todo lo que se necesita es una simple aceptación y la creencia en la verdad del amor de Dios que llega a nosotros, como el Padre del hijo pródigo, independientemente de donde estamos actualmente. Esta fe es una fe activa que dinámicamente provoca efectos y reacciones en personas, lugares o cosas y circunstancias.

Esta fe que proclamamos tiene pruebas. Hay evidencia en Jerusalén, vaya allí. Hay evidencia en la arqueología, a través de la cual se han descubierto muchas cosas que la Biblia registra. La biblia ya decía que el mundo era redondo, porque Dios *"está sentado sobre el círculo de la tierra"* (Isaías 40:22), incluso antes de que Pitágoras lo dijera, y Colón lo demostrara a través de la navegación.

Cuando la NASA encontró un día perdido en el calendario del mundo, no podían encontrar la respuesta en ninguna revista de física, matemática, o científica. Ellos encontraron la respuesta en la Biblia, en Josué 10:12 cuando Josué dijo al Sol y la Luna se detuvieran durante aproximadamente un día. Calcularon que eso fue 23 horas y 20 minutos. Y dijeron está bien, pero todavía tenemos 40 minutos que faltan. Entonces, ¿dónde están esos 40 minutos restantes? Ningún libro pudo responder esto. Pero la Biblia contestó. Debido a que hay un rey llamado Ezequías en 2 Reyes 20: 1-11 a quien Dios envió a su profeta Isaías y dijo:

"...Ordena tu casa; porque morirás, y no vivirás." (2 Reyes 20: 1).

La Biblia nos dice, además, que el rey volvió inmediatamente su rostro hacia la pared y declaró su caso con Dios. Y antes de que el profeta pudiera abandonar el palacio, Dios le dijo vuelve y dile que le doy quince años más". Preguntó Ezequías,

"… ¿Qué señal tendré de que Jehová me sanará…?" (V8)

Isaías respondió diciendo

"…¿Avanzará la sombra diez grados o retrocederá diez grados?" (V9).

Ezequías respondió que sería más fácil que diez grados avanzaran en el Reloj de Sol de Acaz, pero sería más bien un milagro que retrocediera diez grados. Y Dios giró el reloj (el reloj de sol de Acaz) hacia atrás 10 grados. Si usted sabe su geografía muy bien, usted sabrá que longitudinalmente, cada longitud es 4 minutos. Así 4 multiplicado por 10 es igual a 40 minutos. Así que la NASA probó el día que falta desde la Biblia mediante la adición de las 23 horas y 20 minutos de Josué a los 40 minutos de la petición de Ezequías y obtuvieron 24 horas - ¡un día!

Hay muchas profecías de la Biblia que se han cumplido en los últimos cien años. El más significativo para mí, es el caso de la nación de Israel. En Zacarías 8: 7-8, los registros de la Biblia:

"Así ha dicho Jehová de los ejércitos: He aquí, yo salvo a mi pueblo de la tierra del oriente, y de la tierra donde se pone el sol; y los traeré, y habitarán en medio de Jerusalén; y me serán por pueblo, y yo seré a ellos por Dios en verdad y en justicia."

Para los que eran cristianos en 1946-1947, esto era todavía una profecía esperando a ser cumplida. Eso cambió el 14 de mayo de 1948, cuando Israel fue establecido y declarado como un estado judío. Esto fue después de la aprobación de la resolución 181 (II) de la Asamblea General de las Naciones Unidas el 29 de noviembre de 1947. Hasta 1948, no había nación que se llamara Israel, tal como la conocemos hoy en día. Israel como un pueblo se dispersó del primer siglo, y los judíos estaban por todo el mundo sin ningún país propio desde el siglo primero hasta 1948. Dios les dijo: *"...os esparciré entre las naciones..."* (Levítico 26:33) y Él hizo exactamente lo que había dicho. Dispersó a los judíos desde 100 DC a 1948 DC. El planteamiento de Israel como nación es una acusación en cada persona viva hoy en día que se llama a sí mismo un ateo, que dice: Yo no creo en Dios. La biblia, para iniciar, dice:

"Dice el necio en su corazón: No hay Dios..." (Salmo 14: 1)

Sólo un tonto diría que no hay Dios. Cuando Él les dio la tierra como lo prometió, los judíos aunque un pequeño grupo de personas con una población de cerca de 6 millones de personas han producido el mayor número de premios Nobel en el mundo. Es importante señalar que los eventos que precedieron al establecimiento de Israel como nación en 1948, y a partir de entonces no son sólo los naturales. ¿Sabe que si se quita todo lo que Israel ha inventado hasta la fecha tal como la conocemos, la vida se detendría?

Para empezar, imaginar hoy en día la conveniencia de tener su teléfono celular. Las tecnologías desarrolladas en Israel juegan un papel muy importante en todos los teléfonos móviles utilizados en todo el mundo. Si usted dice que no cree en Dios, dígame cómo una nación de seis millones de personas puede tener una influencia tan importante en la economía mundial. A menos que haya un Dios soberano, que cumple pacto con ellos, ¿cómo puede ser esto? A menos que haya un Dios de Abraham, el Dios de Isaac y el Dios de Jacob, que se está moviendo y trabajando a través de ellos, ¿cómo podrían haber conseguido todo esto?

Hay un Dios en el cielo dirigiendo sus asuntos. Si cree que Dios no es Dios, Israel como nación es la prueba. Para una nación que comenzó a existir en 1948 controlar la economía del mundo, no es posible, naturalmente, es Dios obrando. Lo que acaba de leer ahora debe hacerle tan feliz de ser cristiano. Esto se debe a que Dios cumple sus pactos. Usted puede romper su propio, pero Dios cumplirá el suyo. El pacto con

Abraham es a perpetuidad, no se puede romper. Esto no significa que van a ir al cielo, y por eso predicamos a la judíos para ser salvo.

En resumen, nuestra fe no está estancada, crece, es activa, duradera y no puede fallar, produce pruebas y resultados tangibles y tiene influencia transformadora. Jesús dijo en Mateo 17:20 que si su fe fuera como un grano de mostaza, que no es visible a los ojos, con el tiempo se convertiría en un gran árbol. Por eso no hay que subestimar la gracia de Dios en su vida. Nuestra santísima fe no es una vida opcional. Es la única vida que debe ser vivida. Es la única vida que Dios aprueba. Jesucristo dijo:

"Yo soy el camino, la verdad y la vida, nadie viene al Padre, sino por mí." (Juan 14: 6)

Es una fe perdurable que no puede fallar. No es una fe que lleva a la esclavitud, sino a una liberación que no puede ser derrotada. Es una fe ganadora y de superación, y representa la totalidad de lo que el cristiano es y cree. No es una religión y no una forma de vida. Es la vida de los cristianos. Tan dogmático como esto puede sonar, el Señor Jesucristo obtuvo legalmente esta posición, porque Él es la ÚNICA propiciación para nuestro pecado. Él fue el único que murió por nuestros pecados, como sustituto, y fue validado por Dios que le levantó de los muertos. Él por lo tanto sería el único calificado para juzgar a todos los hombres en función de aceptar y creer en su muerte sacrificial y recibir el regalo de la vida eterna (Juan 3: 16-17 y Hechos 17: 30-31).

CAPÍTULO 2

El Justo por la Fe Vivirá - Principios Fundamentales de la Fe

Una vez que entramos en esta Santísima fe, es importante entender que nuestra fe no es estática y no solo termina con convertirse en un creyente. La vida subsecuente que vivimos debe y tiene que ser una vida de fe. La vida que ahora vivimos como creyentes y discípulos del Señor Jesucristo, debe ser imperativamente *una vida de fe y vivida en la fe.*

En el capítulo anterior, se dijo que nuestra fe está en la existencia del Dios Trino, Dios Padre, Dios Hijo y Dios Espíritu Santo. Se dijo, además, que nuestra fe está arraigada y fundada en la palabra de Dios. Esta fe se basa firmemente en la tangibilidad y la realidad de Dios. Usted no es sólo un cristiano por un año, o unos pocos años, sino con una perspectiva eterna y aferrándose hasta final. Se continúa en la vida más allá.

Por otra parte, esta fe obra por amor y se asocia con Dios. Es una fe audaz y segura. De hecho, es nuestra Santísima fe. Nuestra fe no es estática, sino que sigue creciendo. Puede madurar, y puede ser más fuerte. Puede comenzar como un grano de mostaza y puede crecer para convertirse en un poderoso árbol. Nuestra fe produce pruebas y resultados tangibles que transforman vidas. Nuestra fe no es opcional, y todo el mundo es ordenado a arrepentirse - Hechos 17: 30-31, ¿por qué? Es porque en el versículo 31 leemos que,

"Por cuanto ha establecido un día en el cual juzgará al mundo con justicia, por aquel varón a quien designó..."

Ese varón es el Señor Jesucristo, y para demostrar que Él va a hacer eso; Él le levantó de los muertos. Jesús está vivo. Él ha resucitado y no está en la tumba. Por lo que nuestra fe es basada, y nuestra confianza construida en Jesús. Sin Jesús no hay fe cristiana. Nunca debe estar confundido acerca de quién es Jesús. Debe conocerlo por sí mismo y tener una relación con Él. La única vida que hay que vivir en esta tierra es la vida cristiana - la vida de Jesús. En 2 Corintios 5:15 se nos dice, si usted está viviendo en absoluto, usted debe vivir para Jesús, porque Él murió por usted.

"y por todos murió, para que los que viven, ya no vivan para sí, sino para aquel que murió y resucitó por ellos." (2 Corintios 5:15)

¿Sabe usted que no tiene derecho a vivir por sí mismo? Esto es en lo que quiero que trabaje a medida que avanza en su salvación con temor y temblor.

MAS EL JUSTO POR LA FE VIVIRÁ.

En este capítulo, quiero que examinemos la frase **"... el justo por la fe vivirá..."**. ¿Qué significa eso? Esta frase de la escritura aparece cuatro veces en la Biblia. Cuando Dios dice algo dos veces se debe prestar atención, tres veces, se debe prestar mucha atención, y la cuarta vez le es mejor leerlo con cuidado. Esta escritura fue la razón por la que Martín Lutero, el teólogo y reformador (1483-1546) por sí solo pudo levantarse contra la Iglesia establecida en ese entonces. Esta escritura cambió la vida de Martín Lutero. Se negó a aceptar la decadencia de la iglesia en sus días. Les declaró, lo que están practicando no es la Biblia y se levantó y dijo: "No, la salvación no puede ser comprada, el justo por la fe vivirá"

Un hombre, debido a su convicción basada en la palabra de Dios, cambió el mundo. Este Martín Lutero que vivió en el siglo 15-16 inspiró la reforma, porque la iglesia en ese momento estaba lejos de Dios. Insistió en que el justo vivirá por la fe y la salvación es por fe, no por comprarla con dinero. ¿Por qué es importante esta escritura? Es el fundamento de nuestra fe cristiana. Un cristiano no será uno sin fe. Somos salvados por la gracia mediante la fe.

"Porque por gracia sois salvos por medio de la fe; y esto no de vosotros, pues es don de Dios; no por obras, para que nadie se gloríe." (Efesios 2: 8-9).

Esto simplemente significa que si usted no pone su fe en Jesús, no puede nacer de nuevo. Así que para nacer de nuevo, usted se apoya en / pone su fe en Jesús. En Efesios 2: 8 aprendimos que somos salvos por gracia a través de la representación de la fe. En Romanos 5: 1 La Biblia también dice *"Justificados, pues, por la fe, tenemos paz para con Dios."* Ser justificados por la fe significa; como si nunca haya pecado. Quiere decir que cuando Dios mira su expediente ahora, está limpio. Eso es lo que significa nacer de nuevo.

Al igual que el ladrón en la cruz. Jesús dijo hoy estarás conmigo en el paraíso (Lucas 23:43). ¿Cómo ocurrió eso? Allí mismo, porque tenía fe en Jesús, y recibió la justificación. Justificación significa que usted es descargado y absuelto de culpa. Eso significa que a pesar de ser anoche un criminal, al usted poner su fe en Jesús hoy, y decir Señor te acepto como mi Señor y Salvador, su nombre es limpiado. Por favor, comprenda que, como cristiano, el día que nació de nuevo, los pecados que cometió hace más de veinte, diez y cinco años, y el pecado que heredó de Adán han sido perdonados y olvidados, porque usted ha sido justificado. Por la fe somos salvos, por la fe somos justificados, y *"el justo por la fe vivirá."* En pocas palabras, somos *salvos por la fe*, somos *justificados por la fe*, y debemos *vivir por fe*.

¿Quién es este justo? El justo es un pecador hecho virtuoso. Es un estado de estar bien con Dios, y estar en perfecto acuerdo con Él. Así que no hay diferencia ni barrera entre usted y Dios. Esto significa que está en paz con Dios, y sus pecados son perdonados. Usted es su hijo, y ahora ÉL es su padre. Dios está comprometido con usted, usted está comprometido con Él, y por lo tanto sus obras ahora deben ser el modelo de lo que usted es. Un pez nada y no vuela, los pájaros vuelan y no nadan, del mismo modo una persona justificada, por tanto, debe comportarse como Dios.

Si usted dice que ha nacido de nuevo del Espíritu de Dios, no tiene otra manera de vivir, sino por la fe. Por ejemplo, si se toma el pez fuera del agua, morirá, si toma un cristiano fuera de la fe, ella / él morirá espiritualmente. Un cristiano debe vivir y caminar por fe. Eso es lo que esta escritura está diciendo. La primera vez que aparece en la Biblia se encuentra en Habacuc 2: 4:

"He aquí que aquel cuya alma no es recta, se enorgullece; mas el justo por su fe vivirá."

Habacuc está hablando de orgullo aquí, y luego él pone esa conjunción "mas". Cada vez que vea que la palabra "mas" en la biblia preste mucha atención, y es muy importante tener en cuenta lo que viene después. "Mas" es una conjunción, y es como cuando usted está conduciendo y llega a una esquina, usted reduce la velocidad. Así que cada vez que vea "mas" en la biblia, espere lo que sigue.

Así Habacuc dice *"... pero el justo por su fe vivirá."* Ahora bien, esta es la única palabra en el Antiguo Testamento del hebreo original, y esa palabra *"justo"*, significa alguien que está en perfecto acuerdo con el mandamiento de Dios. Se debe a que en ese momento, Jesús no había venido, y Dios tuvo que hacer provisión para la justificación. Entonces, ¿quién fue justo en el Antiguo Testamento? Cualquiera que haya hecho (obedecido) la palabra de Dios fue considerado justo. Esto no quiere decir que eran perfectos, pero siempre y cuando ellos obedecieron la voz de Dios e hicieron lo que Dios quería que hicieran, eran justos delante de Él. Por ejemplo, Abraham, David y Elías estaban justificados ante Dios, pero ¿eran perfectos? ¡No! Pero eran justos porque estaban de acuerdo con los mandamientos de Dios y vivían por su fe en Dios. Romanos 4: 3 nos revela cómo la fe de Abraham se convirtió en el punto de referencia para su justificación por Dios: *"Creyó Abraham a Dios, y le fue contado por justicia." (Romanos 4:3)*

Porque creyó a Dios, a pesar de que Jesús no había llegado todavía. Así que si nos fijamos en Abraham, o David, ambos actuaron en la fe. Por el contrario, Israel miró a Goliat y se acobardó. Algunos cristianos también se dan por vencidos fácilmente incluso hoy en día. Huyen de los problemas del mundo, y corren a esconderse en un lugar seguro. Ellos no quieren atender los problemas y convertirse en proveedores de soluciones, pero no David, que tenía fe en Dios. Miró a Goliat y le dijo: "¿Quién es este filisteo incircunciso? Lo sacaré." ¿Cuál fue la fuerza impulsora detrás de David? Su fe en Dios. Los otros no quisieron creer, pero él eligió creer. Así que vemos aquí que en el Antiguo Testamento los justificados vivían por su fe, lo que confirma las palabras de Habacuc *"...mas el justo por su fe vivirá."*

Esto también pone de manifiesto el hecho de que la fe es personal (Esto será discutido en detalle en el capítulo 4). No importa quien usted sea mientras que viva por su fe, y esto lo puede llevar a lugares más allá de su imaginación más salvaje. La segunda vez que esta frase se repite en la Biblia se encuentra en Romanos 1:17.

"Porque en el evangelio la justicia de Dios se revela por fe y para fe, como está escrito: Mas el justo por la fe vivirá."

Hay mucho que aprender en este pasaje, pero sobre todo nos enseña que la fe es progresiva. Usted no tiene que quedarse donde está, su fe puede crecer. Puede ser más fuerte, al igual que cuando va al gimnasio, desarrolla más músculos, y puede levantar más pesas. Así es como la fe es. La fe en realidad es como un músculo. Usted puede ejercitar su fe, y cuando lo hace, se hace más fuerte, y su músculo espiritual crece más fuerte. Eso es lo que Pablo estaba diciendo aquí, y es que en la justicia de Dios, su fe puede crecer a partir de un nivel a otro, desde el principio hasta el final, desde el arranque inicial / inmadurez a la perfección / madurez.

Cuanto más practica vivir por la fe, más su fe crecerá y madurará. En el mismo versículo Pablo dijo *"como está escrito"*. Usted tiene que saber que está escrito. Dios no va a cambiar eso. Él reprendió a los Gálatas por desentenderse de su fe en el Señor Jesucristo, y tratar de recaer en la ley, y sostuvo con vehemencia que la justificación no viene por la ley, sino por la fe como se lee en Gálatas 3:11:

"Y que por la ley ninguno se justifica para con Dios, es evidente, porque: El justo por la fe vivirá".

Este versículo, ahora es la tercera vez que la frase en discusión aparece en la Biblia, y la referencia continua a la misma significa su importancia. El enfoque explícito en este versículo que se examina es la superioridad de la dispensación de la gracia sobre la de la ley. Pablo fue enfático sobre el hecho de que ahora en la nueva dispensación; la justificación ya no podría ser por la actuación humana de las obras de la ley, sino por la fe en la obra terminada del Señor Jesucristo. Esta justificación marca el comienzo del "justo" (creyente) viviendo por fe. En Hebreos 10:38 vemos la frase repetida por cuarta y última vez:

"Mas el justo vivirá por fe; Y si retrocediere, no agradará a mi alma."

Esta vez, sin embargo, Pablo agregó una frase muy importante *"... y si retrocediere..."* No caiga usted por el borde del camino. Le animo, incluso si un cristiano cae, no es el fin de la persona y así es cuán poderosa nuestra fe es. Incluso si el enemigo le da un "knockout" técnico, y la cuenta regresiva acaba, no se rinda. Usted puede estar abajo, pero no eliminado porque Job 14: 7 dice:

"Porque si el árbol fuere cortado, aún queda de él esperanza; Retoñará aún, y sus renuevos no faltarán."

No importa cuán mal el enemigo le haya noqueado y le dice que está acabado, no está acabado, porque todo lo que simplemente necesita son los aromas de la palabra de Dios, el poder de la oración y la unción y algo glorioso le comenzará a pasar de nuevo. Mientras que usted, hombre o mujer justificado(a), continúe viviendo por la fe no puede ser derrotado. Usted tendrá batallas, luchará, habrá retos en la vida, pero siempre ganará porque el justo vivirá por la fe.

Hay que vivir por la fe, y no por lo que se oye, ve o siente. Debe tener fe en Dios, y no en la economía o gobierno. Debe orar por el gobierno mas no poner su fe en ellos. El gobierno no puede realmente ayudarle. Tenga fe en aquel que creó la nación. Hay un poder por encima de todos los poderes, hay un Dios llamado Dios de las naciones, Él gobierna en los asuntos de los hombres. Dios puede cambiar las leyes de este país para cambiar su vida. El Dios que dice la Biblia sostiene el mundo por la palabra de su poder. ¿Sabe usted que Dios suspende el mundo por su palabra? Dios, Jehová está sosteniendo el planeta tierra en el espacio, por su palabra. Y a veces cuando Él sólo quiere relajarse, la Biblia dice que *"la tierra es el estrado de sus pies"* (Mateo 5:35, Hechos 7:49, Isaías 66: 1).

¿Sabe que según Isaías 40:15 todo el mundo o planeta tierra está en lo negativo? El respeto más grande que Dios le dio al mundo es ser como una gota de agua en el mar. De hecho, usted no es nada. Isaías llegó a decir que es menos que nada. Y usted quiere poner su fe en el planeta tierra que Dios dice es mi estrado (?) Tened fe en Dios, porque el justo vivirá por la fe.

Si el cristiano no tiene más opción que vivir en la fe, entonces, ¿qué es la fe? La palabra fe viene de la palabra griega "PISTIS"; simplemente significa convicción fuerte, no una débil. La fe no es presunción, conjetura, o una suposición. La fe es fuerte convicción basada en el conocimiento y la revelación de la verdad. La fe es una convicción firme que produce un reconocimiento pleno, completo, total de la revelación y la verdad de Dios. La fe es convicción basada en lo que ha oído. ¿Qué ha oído? y ¿De qué está usted convencido? ¿Está convencido acerca de Dios? ¿Usted realmente cree en Dios? Esta es la fe detallada en pocas palabras:

1. Usted cree que hay un Dios.
2. Usted cree en lo que Él dijo.
3. Usted está convencido de lo Él que dijo.

Déjeme darle un ejemplo, Abraham, lleva a tu hijo Isaac, ve y sacrifícalo. ¿Alguna vez se oye hablar de cualquier discusión entre Abraham y Dios? La Biblia dice que el día siguiente, Abraham tomó a su hijo y le iba a sacrificar, y cuando llegaron a la montaña, Abraham realmente iba a hacerlo, ¿por qué?

1. Abraham creyó a Dios, él confió en Dios.
2. Él sabía que era Dios que habló, no un demonio, el diablo, su esposa, o alguien más.

Él sabía que la voz que oyó fue de Dios. Oyó la voz de Dios, Dios no puede mentir y Dios no es un hombre, Dios no puede engañarle, Dios no le odia, y Dios no le desea mal. Así que él creyó en Dios, creyó su palabra, y estaba convencido. Ni siquiera discutió con Sarah que iba por delante a sacrificar a Isaac. Eso es fe. Si tratamos a Dios de esa manera, nuestras vidas cambiarán.

Así que la fe comienza por creer en Dios. Hay que saber que este Dios no es su pastor; Él no es un ser humano. La fe no es lo que mi amigo me dijo, o lo que está sucediendo en la iglesia, pero que creo en Dios es, porque a veces el hombre puede estar equivocado. Sus amigos pueden estar tan mal, la gente que le rodea puede estar tan equivocada, por lo que su fe no puede estar en el hombre, de lo contrario fallará. Su fe debe estar en Dios. Nuestra fe no debe estar en el lugar equivocado.

Si su fe está en la belleza de la ciudad donde vive, que sucede si ocurre un tornado y toda la ciudad sea destruida, ¿qué va a hacer? Dios no lo quiera, porque ha sucedido en este país una ciudad entera fue destruida por un tornado. ¿Usted me quiere decir que todos ellos eran pecadores? Había cristianos allí. ¿Qué haría? Usted está en Nueva Jersey; la casa en la que ha vivido por cuarenta años se ha ido. ¿Qué le pasará a usted? Si toda su fe estaba en la casa que heredó de su abuelo, pero se ha ido ahora, ¿qué va a hacer?

No importa cuán rico, pobre, o educado usted es, usted debe vivir por su fe. Aprender a nunca poner su fe en las cosas que perecen, ya que son temporales. Una de las cosas en las que ponemos fe, es el dinero. Usted sabe que la Biblia dice que el dinero tiene alas. El dinero puede volar, pero lo que usted quiere es la fe en Dios, porque Dios puede decidir hacer volar dinero de Australia, Londres o Sudáfrica hacia usted. Siempre y cuando tenga fe en Dios, Dios puede hacer cualquier cosa. El justo vivirá por la fe.

"Es, pues, la fe la certeza de lo que se espera, la convicción de lo que no se ve." (Hebreos 11:1).

¿Qué significa la palabra certeza (autenticidad)? Es un término legal y significa título de propiedad, o una garantía. Al comprar una casa, la única prueba legal de su compra para demostrar que es el propietario de la casa es el título de propiedad. El título tendrá Sr. BJ, propietario del lote A, bloque C, además de la ciudad de Dallas, título de propiedad, y que es válida en cualquier lugar, y ningún abogado, ningún presidente, y ningún juez puede discutir sobre ello. Esto se debe a que el día que usted cierra el trato de su casa, firmó y el título de propiedad fue emitido en su nombre.

Esta explicación confirma por qué su fe es muy importante. No puede reclamar por cualquier cosa de la que usted no tiene su título de propiedad. La fe es el título de propiedad de lo que usted está esperando. Es el título de propiedad o documento legal para apoyar por lo que está creyendo a Dios.

Pero alguien puede decir ¿dónde está el documento legal? En la palabra de Dios sin diluir, el ejemplo del documento legal es: *"...por su llaga fuimos nosotros curados."* (Isaías 53: 5)

O *"Porque con el corazón se cree para justicia, pero con la boca se confiesa para salvación."* (Romanos 10:10)

O *"Amado, yo deseo que tú seas prosperado en todas las cosas, y que tengas salud, así como prospera tu alma."* (3 Juan 1:2) etc.

Por lo tanto en el nivel bajo, la fe es la palabra de Dios, o es la certeza de las cosas esperadas. Estamos a la espera de las pruebas, la prueba de las cosas que aún no hemos visto.

Por ejemplo, Dios le dijo a Abraham, tendrás un hijo. Entonces, ¿cuál fue su fundamento o su título de propiedad? Era la palabra de Dios. El hecho de que usted dude no significa que haya perdido la fe. La verdadera fe se enfrentará a la prueba. Abraham creyó cuando Dios le dijo que tendría un hijo, pero en algún lugar a lo largo de la historia Sarah dijo: "Abraham, pienso que Dios está tardando, creo que lo podemos ayudar. ¿Puedes probar con Agar y ver si esto va a funcionar?" Nunca trate de ayudar a Dios. Si espera, el cambio vendrá (Job 14:14). Abraham escuchó a Dios decirle, que tendrá un hijo, y esa era la certeza, el título de propiedad, o el documento legal. Por eso Romanos 10:17 dice:

"Así que la fe es por el oír, y el oír, por la palabra de Dios..."

Así Abraham creyó y recibió su título de propiedad. La fe era la certeza (o título de propiedad) del hijo que esperaba. ¿Cuál es la evidencia? La palabra de Dios, la seguridad de que si Dios lo dijo, yo lo creo y eso es suficiente.

Una de las cuestiones fundamentales acerca de la fe es que nos gusta hablar a Dios, pero no queremos esperar a oír de Él. Es necesario escuchar de Dios. A veces está usted orando por algo, Dios le dirá "no te preocupes, está hecho". Hubo un tiempo en que Dios me dijo "Calma, no te preocupes". Esto se debió a que estaba preocupado. Usted estar vivo hoy es una evidencia de que cuando Dios lo dice, lo hará. Dios dijo agradéceme. En lo natural no podía dar gracias a Dios. Pero Dios dijo "agradéceme" Dios dijo "baila". Así que bailé en mi coche porque mi corazón estaba agobiado. Así que mi baile se convirtió en la fe que es la certeza, el título de propiedad de lo que estoy esperando, y es la única prueba que tengo de lo que aún no he visto.

Si Dios le prometió un bebé, tendrá un bebé. La fe es la convicción que tenemos de lo que todavía no vemos. Es por eso que la Biblia dice en Romanos 04:20 que Abraham no dudó en la fe, nunca fue perturbado ni movido, pero siguió creyendo hasta que Sarah dio a luz un hijo. La fe es una fuerza que produce resultados. La fe se basa en la palabra de Dios, por lo que el justo vivirá por la fe. La palabra 'vivirá' habla sobre el período que va a estar vivo en esta tierra como cristiano, y tiene que vivir por fe.

Si usted no es un cristiano, la fe que necesita es nacer de nuevo o ser salvo. Ahí es donde comienza, cree y hace la paz con Dios, recibe el perdón de sus pecados y se convierte en un hijo de Dios. Todo lo que necesita hacer es creer que Jesús murió por sus pecados, creer que Dios le perdonará si confiesa y abandona sus pecados, tendrá la vida eterna. Eso es lo que necesita para convertirse en un cristiano. Ahora que usted es un cristiano, por el lapso restante de su vida en la tierra, lo que la Biblia dice es esto; usted tiene que vivir por fe.

La palabra "vivir" significa su estilo de vida diaria, su caminar con Dios, su conducta, y el día a día. Así que ilustremos, se despierta por la mañana, el clima es muy malo, ahora dice "Oh, qué terrible día" nunca diga eso. Diga "Aleluya, bendito sea el nombre del Señor, es un gran día. Amén, me irá bien hoy, estoy bendecido y altamente favorecido." Así que se despierta por la mañana, a veces se siente cansado, no se preocupe, pero levantase lentamente. No salte de la cama. Tómelo con calma. Así que al despertar diga "Gracias a Dios por este día".

En el momento en que se viste y recuerda que no ha pagado la factura de electricidad, factura de agua, seguros, etc. Solo diga por fe "ok, está bien en el nombre de Jesús." No piense en ello, y no se preocupe. A continuación, realice la siguiente cosa razonable, ore y diga: "Oro por que mis facturas se pagarán en nombre de Jesús, amén." Ahora, no se han pagado todavía, pero empiece a decirlo. "mis cuentas se pagarán." Luego, recuerda que su tía tiene cáncer, usted dice "cáncer te vas en el nombre de Jesús." Usted empieza a creer lo que quiere. No diga "¿Cómo voy a pagar esta factura oh Dios?" Debido a la presión, si no se tiene cuidado, antes de saberlo tendrá un ataque al corazón.

El diablo es un mentiroso. No se centre en los problemas sino en Dios. Céntrese en Dios y en su palabra. Por lo que su estilo de vida debe coincidir con la de Cristo. No importa su situación, cuando se despierta por la mañana, adopte la actitud correcta. No permita que el diablo le intimide.

Usted llama las cosas que no son, como si fueran cuando empieza a hablar a su circunstancia, y empieza a leer la palabra de Dios. Si se trata de enfermedad, vaya a escrituras de sanidad, si necesita finanzas, vaya a la palabra de Dios y le dirá, pague su diezmo, y honre a Dios con su certeza y Él llenará sus graneros con abundancia. Todo está en Proverbios 3. Así que tome esas escrituras y diga: "Señor, te honro, Señor, ayúdame, no puedo perder mi trabajo, soy un pagador de diezmo." ¿Por qué? Su título de propiedad es la palabra de Dios.

Muchas veces necesito que Dios se me presente, le digo a Dios, yo pago mi diezmo, tienes que bendecirme. Tu palabra dice que cuando pago el diezmo; abrirás las compuertas del cielo y derramaras bendición sobre mí. Creo que tu palabra, y escrituras no se pueden romper. Eso es fe. Así que cada parte de su vida es todo acerca de la fe y usted debe aprender cómo comprometerse un marido por fe, conseguir una esposa por fe, y conseguir un trabajo o promoción por fe.

Por ejemplo, hace muchos años, como contratista accidentalmente vi que un colega estaba haciendo más dinero que yo. Dije "¿Qué? Estamos haciendo el mismo trabajo y nos están dando diferente tasa de pago" Así que llegué a mi mesa y le envié un correo electrónico a la reclutadora, diciéndole quiero que aumentes mi tarifa por hora por $ 10 dólares ahora. La reclutadora respondió de nuevo y dijo que estaba bien veremos. A los pocos días me dijo que sí. En retrospectiva, habría pedido por $ 20, y ellos me lo habrían dado.

Hermanos, todo depende de la fe, todo. Cuando yo estaba buscando una esposa, solía preocuparme mucho cuando tenía unos veinte y un años. Un día, en mi tiempo a solas Dios dijo "Ve al Salmo 16 y lee el Salmo 16 y dice:

"Las cuerdas me cayeron en lugares deleitosos, Y es hermosa la heredad que me ha tocado."

En lo natural, no tenía a nadie, por lo que desde ese día, me relajé. Dios me dijo, "va a estar bien".

El día que me propuse a mi esposa, Anne, me dio un sí en el lugar y cenamos. El justo vivirá por la fe... todo en el reino es por fe. Mientras yo era un estudiante durante mi último año en la universidad, me desperté una mañana, abrí el libro de texto, y vi una pregunta y el Espíritu Santo atestiguo a mi espíritu que "Esta pregunta vendrá mañana." Así que fui al dormitorio contiguo, de mi colega, dije, "abre ese libro, esa pregunta saldrá mañana". Cuando llegamos a la sala de examen, la pregunta del libro vino palabra por palabra. Al igual que Juan dijo, no estoy hablando de lo que he leído en la Biblia, estoy hablando acerca de lo que mis manos han tocado, lo que mis ojos han visto y lo que he experimentado.

Así, en cada área de su vida, usted debe vivir por fe, porque aquí es donde muchos cristianos no están a la altura. Por ejemplo, con respecto a su dinero, usted debe dar una ofrenda por fe. Esto es porque a veces, todo lo que tienes es $100 y el Espíritu Santo puede decir da todo lo que tienes. Le será mejor darlo porque cuando Dios envió a Elías a la viuda de Sarepta, Elías le dijo: "Dame agua para beber", pero a medida que la dama iba, Elías dijo: "No, vuelve, dame de comer." dijo la mujer. "Ah hombre de Dios. Sólo tengo una comida que comer con mi hijo y morir". Elías dijo: "Dámela". Si fuera hoy algunos de ustedes maldecirían a Elías diciendo "Mira a este malvado Pastor, se llama a sí mismo un hombre de Dios, y él está pidiendo mi última comida, y él quiere comerla."

La fe a veces y en la mayoría de los casos no tiene sentido. Aquí es donde muchos de nosotros pierde. Muchos de nosotros vamos a estar en situaciones en las que Dios nos va a probar. *No se gradúa (madura) en el reino de Dios excepto a través de la prueba.* No tiene sentido dar su última comida a un profeta, y muchos de nosotros lo perdimos esa manera. Esta es la clave. Dios quería bendecir a la mujer. La mujer no sabía que cuando Dios quiere bendecirte, Él te enviará a alguien. La mujer dio comida a Elías, y para el resto de su vida, ella tenía comida. Ella no carecía. La fe no tiene sentido, sin embargo, esta mujer obedeció. ¡Alabado sea el Señor!

El justo vive por la fe es el principio fundamental de la vida de fe, Dios espera que el creyente viva. Debemos estar seguros de nuestra salvación y justificación con Dios. Deuteronomio 8: 3 y Mateo 4: 4 nos enseñan que "...No sólo de pan vivirá el hombre, sino de toda palabra que sale de la boca de Dios..." Dios espera que conduzcamos nuestras vidas por los dictados de la palabra de Dios. Vemos que el Señor Jesucristo como un hombre en la tierra nunca hizo nada por su propia voluntad (Juan 5:30). Todo lo que hizo desde Su bautismo y la puesta a su tentación, las actividades del ministerio y finalmente la muerte en la cruz estaban todos en línea y el cumplimiento de las escrituras.

Como creyente, Pablo muestra elocuentemente en Gálatas 2:20, que estamos crucificados con Cristo: y no vivimos ya más, sino que Cristo vive en nosotros, y la vida que ahora vivimos en la carne vivimos por la fe de Cristo, que nos amó y se entregó por nosotros. Por lo tanto la fe por la que vivimos como creyentes y discípulos es la fe de superación de Cristo en nosotros.

Por lo tanto debemos aprender a creer y hacer la palabra de Dios, obedecer y confiar en él. El resultado final es cultivar un estilo de vida de vivir nuestras vidas a través de la lente / espejo de la palabra de Dios. ***Porque la palabra que sabemos, experimentamos y practicamos, es en la que nos convertimos.*** De ahí, la fe que viene por el oír la palabra de Dios continuaría creciendo en nosotros, ya que constantemente vivimos vidas victoriosas. Oro para que usted aprenda a vivir por fe y demostrar la fidelidad de Dios en su vida. AMÉN.

CAPÍTULO 3

El Propósito de la Fe

Aprendimos extensamente en el capítulo anterior que el justo vivirá por la fe, y como se mencionó anteriormente, significa que si usted es un cristiano, la única manera de vivir es vivir por fe. Muchos de nosotros a veces vivimos de otras maneras, y no por fe, ni por confianza en Dios. Vivimos por lo que nuestros amigos nos aconsejan y nos olvidamos que Salmo 1: 1 dice:

"Bienaventurado el varón que no anduvo en consejo de malos, Ni estuvo en camino de pecadores, Ni en silla de escarnecedores se ha sentado."

Cuando la Biblia dice que *"... el justo por la fe vivirá"* significa simplemente que usted no puede vivir por sus sentidos, es decir, por lo que ve, oye o siente. Hay que vivir por fe. En este capítulo se pretende abordar la razón y propósito para vivir por fe. Examinemos brevemente a continuación.

1) **Si usted no vive por fe no puede complacer a Dios.** (Hebreos 11: 6). Como hijo de Dios, su primer objetivo es agradar a Dios, y no ser alguien que 'agrada a los hombres'. Esta es la razón por lo que sus amigos a veces no gustarán de lo que hace; porque parece absurdo para ellos. Cuando tuve que renunciar a mi trabajo en Inglaterra para venir a los Estados Unidos de América, no le dije a mis amigos, porque ellos me hubiesen dicho, debes estar loco. Esto se debió a que una semana después de renunciar a mi trabajo se me concedía la permanencia. Esa decisión para una persona lógica era locura por todos los medios

naturales, y para colmo no tenía trabajo esperándome en los Estados Unidos de América.

¿Cómo puede usted renunciar a su trabajo como profesor de la universidad en Inglaterra y llegar a los EE.UU. sin un trabajo, debe estar loco? Para presionar en lo absurdo, por así decirlo, no tenía permiso de residencia aquí, y por eso es que la fe en lo natural tiene algunos elementos de riesgo. La fe no es presunción. Por favor, si usted no ha oído de Dios, no dé un paso. No se case con ese hombre a menos que tenga una garantía o una orientación clara de Dios de verdad. No entre en ese negocio a menos que esté realmente guiado por Dios. Pero si Dios habla, se moverá en su nombre. Cuando usted reconoce Su voz, muévase. Haga su voluntad. Entonces, ¿por qué tiene que ejercitar la fe? Hebreos 11: 6 dice:

"Pero sin fe es imposible agradar a Dios; porque es necesario que el que se acerca a Dios crea que le hay..."

Usted debe creer en Su palabra, que hay un Dios. Usted debe creer que Dios es una persona, Él es real, y es tangible. También es una persona que tiene ojos, oídos, manos y piernas y ÉL habla. Dios tiene sentimientos, y Él puede ser herido. A pesar de que Él es una persona, sin embargo, Él es Dios y no hombre. Así que no lo confunda con los seres humanos. La Biblia dice en el Salmo 90: 2 *"... desde el siglo y hasta el siglo, tú eres Dios."* Así que no trate de razonarlo. Su cerebro no tiene la capacidad de comprender la totalidad de lo que Él es.

Soy una persona muy cerebral y lógico. Razono las cosas. Sin embargo, cuando estoy en la iglesia o tratando con Dios, someto mi inteligencia humana a la palabra de Dios, sabiendo que es limitada al tratar con un Dios sobrenatural. Doy gracias a Dios por la gracia y la capacidad de poder hacer la transición entre los dos mundos. Si estoy en el aula doy conferencias de ingeniería durante tres horas, pero cuando estoy en la iglesia, sé que hay algunas cosas en Dios que la ingeniería no puede explicar.

De hecho, en matemáticas, lo que dije anteriormente es - de menos infinito a más infinito. Vaya y pregunte a cualquier matemático, nadie puede decir o explicar completamente lo que es infinito. Vaya y verifíquelo. En matemáticas, hay un signo, infinito, o más generalmente menos infinito y más infinito. Menos infinito es como ningún principio; más infinito es como ningún final. El infinito es semejante a Dios que no tiene límites, quien no puede ser definido o contenido. DESDE el siglo (menos infinito) y HASTA el siglo (más infinito), tú eres Dios - (Salmo 90: 2).

Así que sin fe es imposible agradar a Dios. Si quiere que Dios este feliz con usted, crea/confié en Él. Crea lo que la Biblia dice porque es verdad. La gente puede estar equivocada a menos que estén hablando lo que está de acuerdo con la Biblia. Cualquier palabra que es contraria a la Biblia es una mentira. Así que sin fe es imposible agradar a Dios, porque el que se acerca a Dios tiene que creer que Dios es. Agradamos a Dios prestando la debida atención a Su palabra y obedeciendo Su palabra mientras ejercemos nuestra fe en él.

2) **Dios recompensa a los que le buscan diligentemente.** Dios recompensa a los que tienen hambre de Él. Mi reto para usted el día de hoy es, ser un 'cazador' de Dios. El propósito de ejercer su fe es agradar a Dios, y es la única manera en que puede agradarle. Dios responde a la fe, cuando usted le cree, Él se moverá en su nombre.

¿Por qué debo creer a Dios? Por ejemplo, es imposible para una mujer sin útero tener un hijo, pero no para Dios: *"... todas las cosas son posibles para Dios."* (Marcos 10:27) Para el hombre, es imposible que una piedra mate a un gigante, pero no para Dios. Para el hombre, es imposible cruzar el Mar Rojo o que el mar se divida para usted, pero no para Dios. Para el hombre es imposible conseguir un trabajo para el que no califica, pero no para Dios. Pero para Dios, todas las cosas son posibles. Para el hombre, no es posible pasar de estar en prisión a convertirse en el primer ministro de un país. Este fue el caso de José.

Hermanos, Dios puede cambiar el patrón del clima para usted. Dios puede cambiar el gobierno en un día. El comunismo colapsó ante mis ojos en un día. Lo vi, y nunca olvidaré ese día en Londres, Inglaterra viéndolo en la televisión en vivo. Cuando el comunismo empezó a desmoronarse, el primer ministro rumano, que era uno de los anclajes del comunismo, sabiendo que su juego había terminado, corrió fuera de su casa al techo, se subió a un helicóptero y escapó por su vida. Aquí estaba un hombre que todos temían en el país, pero cuando la estructura que lo llevó al poder, y lo mantuvo allí se derrumbó, sabía que lo más prudente para él hacer en ese momento era de huir. Ese fue el día en que el Muro de Berlín también se vino abajo. Dios de un solo golpe finalizó el comunismo.

Algunas personas pueden no entender nunca porque no tienen ni idea acerca de algunas de las oraciones que solíamos hacer a finales de los 70 y principios de los 80. Las vigilias nocturnas que solíamos tener haya en casa, en África, para que el comunismo colapsara. Por lo que es uno de mis más grandes testimonios que voy a llevar al cielo porque viví y oré para ver la caída del comunismo. Siempre oramos por los cristianos que fueron perseguidos en el Bloque del Este, solíamos llorar en África, y clamar a Dios: "Oh Dios derriba el comunismo." Es responsabilidad de la iglesia de hoy continuar intercediendo y atar al espíritu maligno detrás de comunismo. Viví para verlo suceder porque para el hombre era imposible, pero para Dios, todas las cosas son posibles. Es por eso que le creemos. Con Dios, todo es posible. Con Dios, el fuego puede convertirse en un refrigerador. Con Dios, un león puede convertirse en su almohada al igual que lo hizo Daniel. Una serpiente puede enrollarse en su mano, usted la sacude y tira en el fuego y nada va a pasar como Pablo. Con Dios todo es posible.

¿Por qué debe tener fe en Dios? Es porque Dios ha puesto en usted la capacidad de cambiar su mundo. Jesús hablando de nuevo en Marcos 9:23 establece la acción de la fe a los pies del hombre diciendo *"...Si puedes creer, al que cree todo le es posible."* El problema, obviamente, no es para Dios. Muchas veces como cristianos hasta que estemos desesperados, no vemos en realidad la manifestación de Dios. A veces Dios le forzará a la desesperación como lo hizo a Josué. Cuando él estaba en la batalla contra los amorreos, nadie nunca le dijo a Josué que podía ordenar al sol y la luna detenerse hasta terminar la batalla y la biblia nos dice en Josué 10:14: *"Y no hubo día como aquel, ni antes ni después de él, habiendo atendido Jehová a la voz de un hombre: porque Jehová peleaba por Israel"*.

Es la única vez que sucedió en la Biblia, ni antes, ni después de entonces que Dios atendió la voz del hombre que actuó en fe inusual. Un hombre ordenó al sol detenerse. El Señor Jesús dijo: *"Si puedes creer"* Si puedes creer el cojo caminará. Si puedes creer, los muertos se levantarán. Dios es capaz de hacer lo que dijo que haría. Es por eso que Pablo dijo: ¿por qué les resulta inconcebible que Dios puede resucitar a los muertos? (Hechos 26: 8) Dios ha levantado a los muertos en muchas partes del mundo, y eso es lo peor que le puede pasar al hombre para mí eso es el milagro más grande - que alguien pueda morir y volver a la vida. Pero Dios lo ha hecho en todo el mundo.

Se informó que una enfermera en América Latina, había resucitado a dos personas muertas. Ella no es una predicadora, sino un creyente regular. Así que usted no tiene excusa. Ella es una enfermera y leyó esa escritura, la creyó, y Dios la ha utilizado para revivir dos personas muertas. Usted no ha visto a Dios cara a cara, créale, es por eso que se llama fe. Porque la fe es la certeza de lo que se espera, la convicción y la prueba de lo que aún no he visto. Así que la fe es eso, creo en Dios y luego veré. Y así es como el reino de Dios opera.

En el reino natural, usted tiene que ver para creer. Dios no opera de esa manera. Usted tiene que creer, y luego ve. El día en que la Pastora Anne y yo mismo vinimos delante del edificio de la iglesia, había tres familias reuniéndose en nuestra casa. Cuando llegamos allí, ella dijo debes estar bromeando. ¿Estás realmente pensando en este lugar? El edificio lucía enorme e intimidante, sin embargo, le dije tomemos el primer paso, hacer una llamada telefónica.

Vea, hay cosas que podemos hacer. Tengo fe, ella tiene acción. Así que dije, haz la llamada telefónica. Vi el lugar, yo creí. En lo natural esto no tiene sentido. Había sólo tres familias reuniéndose en nuestra casa, y llegamos al frente del edificio enorme, que es ahora nuestra iglesia, y dije ¿Dios me está enviando allí? Los que conocían nuestra membrecía y el tamaño del edificio dirían "Usted debe estar loco." Pero había fuego de convicción en mi espíritu. Le dije a ella: "Déjame decirte por qué. Cuando supe acerca de este lugar, empecé a soñar de nuevo. Empecé a ver cosas en el espíritu que Dios podría hacer." Eso fue lo que proporcionó la fe para creer.

Permita a Dios causarle ver lo que todavía no ha visto. Sea usted como Abraham, que tambaleó, no en la fe pero creyó a Dios y dijo, sé que tengo 95 años, tendré un hijo. Sea Dios causándole ver. Es por eso que Dios dijo: *"Abraham, mira las estrellas, y la arena a la orilla del mar."* Dios siempre le dará un sueño para propulsar su fe.

Si puede creer, todo le es posible. Si puede creer que Dios puede abrir el muro para usted, cerrar la boca de los leones, y darle una Boaz como esposo a pesar de ser usted un extranjero a la ciudadanía de Israel. Si puede creer como Ester, puede convertirse en la reina. Cualquier cosa es posible para Dios.

3) **Vemos otro propósito para vivir por fe en Dios.** En Hebreos 4: 2, Pablo escribe:

"Porque también a nosotros se nos ha anunciado la buena nueva como a ellos; pero no les aprovechó el oír la palabra, por no ir acompañada de fe en los que la oyeron.

La predicación de la palabra que los israelitas escucharon no fue de provecho o beneficio para ellos, porque no estaba acompañada de la fe. No creían a Dios. Así que Pablo, escribiendo en Hebreos nos estaba advirtiendo, no seas como los israelitas que no confiaban en Dios de todo corazón. Mientras que usted viva en este mundo; usted tiene que vivir por fe. No deje que lo mueva lo que ve. ¿Para qué está creyendo a Dios? Siga creyendo a Dios hasta que vea su cambio venir (Job 14:14). El propósito de la fe, por tanto, es permitirle beneficiarse en esta vida de las bendiciones y el favor de Dios y vivir una vida victoriosa.

Dios desea que, mientras viva en este mundo, usted tenga provecho en su vida. Esa palabra provecho allí no solo habla de dinero por sí solo. En realidad significa que Dios quiere que su palabra le beneficie en cada área de su vida. Él quiere que usted tenga provecho en su matrimonio, salud, trabajo y negocios. Debe sacar provecho en la vida, en las obras de su mano, y ministerio. La voluntad de Dios es que cada creyente sea exitoso, pero la única manera que eso puede pasar es que usted crea lo que oye, la palabra de Dios que lee y acompañarla (unirla) con la fe. Hasta que usted acompaña/une la palabra que oye con fe, no le hace ningún bien.

No es suficiente escuchar. Romanos 10 dice *".... la fe es por el oír, y el oír por la palabra de Dios."* Suelte su fe y crea a Dios. ¿Cuál es el propósito de la fe? Está disponible para nosotros para que podemos sacar provecho en la vida, y vivir la vida con éxito. ¿Por qué es así? Se debe a que en la vida, usted va a enfrentar problemas y oposiciones, pero la Biblia dice,

"Muchas son las aflicciones del justo." (Salmo 34:19)

Así que deje de quejarse y haga frente a los hechos porque en esta vida, usted va a enfrentar desafíos (Juan 16:33). Eso es precisamente de lo que se trata la vida. A pesar de que las aflicciones del justo son muchas, sin embargo, *"... el Señor lo libra de todos ellos."* Bendito sea el nombre del Señor, que es nuestro pronto auxilio en el tiempo de angustia.

Los desafíos de la vida nos preparan para la madurez. No se puede ser cristiano sólido cuando no se han peleado batallas. Usted no sólo se despierta un día y de repente dice ser un general de cuatro estrellas. Tiene que luchar batallas. ¿Cuántas batallas usted ha luchado? ¿Cuántos enemigos ha derrotado? Hay diferentes categorías de batallas - algunas batallas son para los generales de cuatro estrellas, algunas para cabos, sargentos, o reclutas. Dios es bueno y no le permite hacer frente a las batallas que son más grandes que su capacidad. No permitiría que una batalla destinada a un general de cuatro estrellas fuera colocada ante usted, un recluta. Él nunca lo hará porque:

"... fiel es Dios, que no os dejará ser tentados más de lo que podéis resistir, sino que dará también juntamente con la tentación la salida, para que podáis soportar." - 1 Corintios 10:13.

Doble sus rodillas y ore, clame a Dios, invoque a Dios, porque cuando Dios le da la victoria, esto lo promueve en el reino, y comienza a darle una osadía. He visto a Dios moverse, y no dudo de este Dios. Es por eso que siempre pago mi diezmo, porque he probado su mano de apoyo en mi vida. Sé que este Dios puede cambiar las leyes por mí. La fe es para beneficiarle de modo que cuando enfrente un problema en la vida, usted no necesite tener miedo. Todo lo que necesita hacer es levantarse y decir no al diablo – ¡dale! Deje que le muestre en el Salmo 27: 1 un principio de fe.

Jehová es mi luz y mi salvación; ¿de quién temeré?

Esto es de nivel uno, o de primer grado. Eso significa que usted sabe que Dios es su luz, usted sabe que Él es su salvación, no tema, porque hay 365 "no temas" en la Biblia. Es decir, un no temas para cada día. Al continuar el versículo David dijo *"... ¿de quién temeré?"* Y concluyendo el versículo 1 dijo,

"Jehová es la fortaleza de mi vida; ¿de quién he de atemorizarme?"

Cuando usted comienza a ser promovido empieza a atraer enemigos. No se preocupe por ellos, ellos son a los que se hace referencia en el versículo 2:

"Cuando se juntaron contra mí los malignos, mis angustiadores y mis enemigos, para comer mis carnes, ellos tropezaron y cayeron."

Esos malignos cuando vengan a tratar de comer su carne, hablar de usted, tratan de destruir su credibilidad, se convierten en sus adversarios y sus enemigos, ellos tropezarán y caerán.

Ahora, debido a que está ganando batallas, gracias a la ayuda de Dios en el versículo 2 tiene que estar suficientemente ungido, porque la gente le va a tirar barro a usted. Ellos harán chismes sobre usted, y pondrán sobrenombres. Pero debe tener la suficiente gracia para soportarlos cuando tiran lodo en usted, y usted siga moviéndose y el lodo caerá. En el proceso ellos irán hacia atrás, mientras usted se está moviendo hacia adelante. Porque usted es una semilla de Cristo operando en su reino, ellos no pueden detenerlo ni limitarlo. Cuando vengan en su contra, ellos tropezarán y caerán.

Una vez que comience a caminar en ese nivel, Dios le va a promover porque ahora ya está listo para lidiar con el adversario, y los que se confabulan contra usted. El salmista dice en el versículo 3 *"... aunque un ejército acampe contra mí, no temerá mi corazón"*. La última parte de este versículo es de nivel avanzado y David dijo *"... aunque contra mí se levante guerra, yo estaré confiado."* Incluso si todo el país, se levanta contra mí, en esto yo estaré confiado. Un cristiano es más peligroso cuando él o ella es puesto(a) contra la pared. Esa es la oración que hago, que sea Dios desesperándole lo suficiente, para que así no tenga otro lugar a donde ir.

Significa que Egipto le persigue detrás y no puede regresar, la montaña está a la izquierda, no puede ir a la izquierda, la montaña está a su derecha, no puede ir a la derecha, y ante usted se encuentra el Mar Rojo. Sea usted teniendo un mar rojo para cruzar por fe para llegar a su Canaán; de lo contrario, morirá en el desierto. Pero no morirá. Eso es lo que David estaba diciendo aquí. Cuando un ejército venga contra mí, que venga porque tal como un águila yo no huyo de la tormenta. Déjeme decirle, lo que separa el águila de otras aves. Esto se debe a que está dotado de forma única, y es la única ave con la que Dios se compara a sí mismo y a los cristianos.

Cuando hay una tormenta, el águila comienza a buscar el peor lugar en el tornado / tormenta. El águila comienza a avistar. Luego, cuando el águila encuentra el lugar más caliente en el tornado, se centra en él y lo mira. A medida que la tormenta se acerca, a continuación, el águila despliega sus alas y justo antes de que llegue al águila, el águila se elevará, y comienza a volar en el viento de la tempestad - eso es todo lo que hace el águila. Y es por eso que la Biblia dice "vuela", como águila. Esta no aletea. Señor úngeme para no aletear en nombre de Jesús. Que Dios le unja para no aturdirse (energía humana y esfuerzo). Los problemas se supone lo exaltarán para que empiece a volar como el águila.

Usted debe tener fe para que pueda sacar provecho en esta vida y ser capaz de hacer frente a problemas de la vida. También debe tener fe porque hay posesiones en esta vida que no se pueden obtener a menos que crea a Dios y reclame por ellas. Cada creyente tiene un territorio, una bendición o algo que Dios le asignó. Dios no quiere que llore cada semana, y por lo que debe haber una respuesta para usted en nombre de Jesús. Debe poseer su posesión, su paz y su alegría. También debe poseer su matrimonio y su vida. Su vida no se degradará debido a que *"... en el monte de Sion habrá un remanente que se salve; y será santo, y la casa de Jacob recuperará sus posesiones."* (Abdías 1:17).

Esta es una razón por la que necesita la fe, es decir, para poseer sus posesiones que por derecho le pertenecen. Por ejemplo, en Números 13, cuando fueron enviados Caleb, Josué y los otros para reconocer las tierras, y ellos regresaron diciendo *"Oh Moisés, hemos llegado lejos, no podemos hacerlo...".* La Biblia dice que: *"...Caleb hizo callar al pueblo delante de Moisés, y dijo: Subamos luego, y tomemos posesión de ella; porque más podremos nosotros que ellos."*-. Números 13:30. Sé que la tierra prometida es el cielo, eso es cierto; hay una tierra prometida para usted también aquí. Hay un lugar llamado reposo. La biblia dice *"Por tanto, queda un reposo para el pueblo de Dios."* (Hebreos 4: 9).

Hay un lugar aquí en la tierra al que usted y yo debemos venir; es el lugar de poseer nuestras posesiones. Desde el versículo 5 de Josué 14, cuando Josué comenzó a dividir la tierra, el viejo Caleb hizo algunas declaraciones muy profundas: cuando los hijos de Judá vinieron a Josué en Gilgal, y Caleb, hijo de Jefone cenezeo, le dijo:

"Y los hijos de Judá vinieron a Josué en Gilgal; y Caleb, hijo de Jefone cenezeo, le dijo: Tú sabes lo que Jehová dijo a Moisés, varón de Dios, en Cades-barnea, tocante a mí y a ti. Yo era de edad de cuarenta años cuando Moisés siervo de Jehová me envió de Cades-barnea a reconocer la tierra; y yo le traje noticias como lo sentía en mi corazón."

Observe que la frase, *"en mi corazón"* no obstante, mis hermanos, los que habían subido conmigo, hicieron desfallecer el corazón del pueblo; pero yo cumplí siguiendo a Jehová mi Dios. Este se Caleb hablando. Verá a dónde va, es un argumento aquí.

"Entonces Moisés juró diciendo: Ciertamente la tierra que holló tu pie será para ti, y para tus hijos en herencia perpetua, por cuanto cumpliste siguiendo a Jehová mi Dios. Ahora bien, Jehová me ha hecho vivir, como él dijo, estos cuarenta y cinco años, desde el tiempo que Jehová habló estas palabras a Moisés, cuando Israel andaba por el desierto; y ahora, he aquí, hoy soy de edad de ochenta y cinco años. Todavía estoy tan fuerte como el día que Moisés me envió."

Él tenía 85 años de edad, y dijo "Josué no mires mi edad". Estoy tan fuerte a los 85 como estaba a los 40 y mi fuerza está todavía conmigo, tal es ahora mi fuerza para la guerra. Tengo 85 años de edad, todavía puedo luchar, y soy fuerte, tanto para salir y entrar. Caleb dijo en los versículos 12-14 de Josué 14:

"Dame, pues, ahora este monte, del cual habló Jehová aquel día; porque tú oíste en aquel día que los anaceos están allí, y que hay ciudades grandes y fortificadas. Quizá Jehová estará conmigo, y los echaré, como Jehová ha dicho. Josué entonces le bendijo, y dio a

Caleb hijo de Jefone a Hebrón por heredad. Por tanto, Hebrón vino a ser heredad de Caleb hijo de Jefone cenezeo, hasta hoy, por cuanto había seguido cumplidamente a Jehová Dios de Israel."

Este es un ejemplo práctico del hecho de que cuando usted cree a Dios, hay una herencia en esta tierra que le pertenece. La única manera de conseguir lo que usted está presunto a conseguir es por fe y siguiendo con entusiasmo a Dios en su corazón. Dondequiera que la planta de sus pies pise, Dios se lo ha dado por heredad. Usted debe heredar los Estados Unidos de América; es la voluntad de Dios. Si usted se encuentra en Australia o la India, Dios espera que usted las herede porque es el principio de Dios que mientras usted este aquí en la tierra, debe poseer su posesión. Hay territorios, hay una herencia que debe poseer.

Debe seguir creyendo a Dios. Es necesaria fe para la salvación, sanidad, liberación, para tener sus necesidades satisfechas, para provisión, ser fieles, y para tener éxito en la vida. Nos fijamos en las escrituras y se ve la fe obrando en todos, Abraham, Daniel, David, José, Josué, Caleb a los 85 años de edad, quien tomó control de todo un país como herencia. Dios dijo a Adán en Génesis 1: 27-28, donde Él los hizo varón y hembra, los bendijo diciendo:

"Fructificad y multiplicaos; llenad la tierra, y sojuzgadla, y señoread"

Señoread significa que usted debe ser un vencedor en cada área de su vida. Usted debe vencer por la palabra de Dios. ¿Cuál es el propósito de la fe? Es agradar a Dios, ejercer su fe y poseer su posesión en la tierra. También es obtener provecho en cada área de su vida. Su alegría y su paz deberían ser verse a sí mismo provechoso, bendecido, exitoso y próspero. Porque Dios ha dicho:

"Amado, yo deseo que tú seas prosperado en todas las cosas, y que tengas salud, así como prospera tu alma." - 3 Juan 1:2.

CAPÍTULO 4

Los Pronombres de la Fe - La Fe es Personal

La fe es personal y entender esto es importante para cada creyente. También está el aspecto social de la fe, pero quiero centrarme realmente en la verdad que la fe es personal, y abordada aquí en lo que llamo "los pronombres de la fe". Previamente escribí sobre el adjetivo de la fe, es decir, "La Fe". "Nuestra santísima Fe" o "La Fe" es también una personal. Su fe, como se ha mencionado anteriormente en este libro, es una fe creciente y arraigada. Como cristiano, habrá veces que no va a sentirse bien. No va a sentir incluso que es un cristiano. Ahí es, cuando la fe entra en acción para hacerle seguir adelante.

La fe no es un sentimiento. La fe, ya sabemos es la sustancia, el título de propiedad, y la prueba legal de lo que usted cree en Dios. La fe es la única prueba que tiene, a pesar de que no ve nada. Así que muchas veces como cristiano, usted tiene que entender que hay que caminar por fe y no por vista, no por sentimientos, no por lo que se oye. Usted tiene que moverse por la palabra de Dios, porque esa es cierta.

En el capítulo anterior, se analizó; ¿cuál es el propósito de la fe? ¿Por qué debemos tener fe? ¿Por qué es importante? En este capítulo, quiero centrarme en el hecho de que la fe es personal. Así que, como cristiano, debe poseer su propia fe. Usted debe saber cómo utilizar su fe. No sólo dependiendo de la fe de su marido, o la fe de su esposa. Ni siquiera la fe de su pastor o la de su amigo. Es muy común sobre todo en este país que muchos hombres no van a la iglesia; ellos permiten a sus esposas e hijos ir a la iglesia. Mientras que las mujeres van a la iglesia, los hombres o bien se quedan en casa o van de pesca o hacen otra cosa. Muchos de estos hombres han sido engañados en sus mentes, pensando con tal que mi mujer esté orando por mí, estoy bien. Ellos no están bien, porque la salvación y la fe son personales

Debe primero que todo, convertirse un creyente y empezar a trabajar en su salvación y fe como un hijo de Dios. Como cristiano, usted tiene que poseer esa fe, y ser intencional en el ejercicio de la misma. También tiene que saber cómo utilizar y hacer crecer esa fe. De hecho, usted tiene que asegurarse de que su fe no está ausente en acción. A veces, como cristianos, extraviamos nuestra fe. En realidad, no la pierde, pero cuando no está utilizando su fe, se encuentra ausente en acción. Jesucristo dijo una vez a sus discípulos: *"¿Dónde está vuestra fe?"* (Lc 8:25)

¿Dónde lo pusiste? Vamos a establecer este principio aún más. Cuando nos fijamos en el Evangelio, hay muchas escrituras relacionadas con el tema de la fe. A veces, el Señor Jesucristo decía:

"Hija, tu fe te ha hecho salva" (Marcos 5:34).

Muchos de nosotros sabemos acerca de eso, pero quiero hablar de tres pronombres, y estos son: *Nuestra fe, Su fe, y Tu fe.* Cuando nos fijamos en Lucas 17: 5 El Señor Jesús estaba hablando sobre el perdón de los versículos 1-4, y en el versículo 5 se produjo una repentina interjección:

"Dijeron los apóstoles al Señor: Auméntanos la fe."

Ahora algunos de ustedes pueden no saber esto, se necesita fe para perdonar. Necesita fe, porque muchas veces no va a sentir que ha perdonado. Tiene que creer, elegir perdonar, y perdonar por la fe. En Hebreos 10:23 se nos dice:

"Mantengamos firme, sin fluctuar, la profesión de nuestra esperanza, porque fiel es el que prometió."

Usted está por aferrarse a la confesión de su fe sin fluctuar, y debe hacerlo al mantener:

"Puestos los ojos en Jesús, el autor y consumador de la fe" (Hebreos 12: 2)

También vemos en 1 Juan 5: 4 que:

"... todo lo que es nacido de Dios vence al mundo; y ésta es la victoria que ha vencido al mundo, nuestra fe."

Entonces, ¿qué es esto, nuestra fe? Nuestra fe es una combinación de lo que dije la primera vez. La fe, que es nuestra santísima fe, debe atraer nuestra atención. Por lo que es un sustantivo colectivo, pronombre "nuestra" fe. Esto significa que como cristiano, no debería haber ninguna diferencia entre su fe y mi fe, es la misma cosa. El 'ADN' de su fe es el mismo 'ADN' de mi fe. La raíz de su fe es la raíz de mi fe. Por lo que nuestra fe es la misma. Por eso decimos, hermano o hermana, pongámonos de acuerdo en oración.

"Otra vez os digo, que si dos de vosotros se pusieren de acuerdo en la tierra acerca de cualquiera cosa que pidieren, les será hecho por mi Padre que está en los cielos." (Mateo 18:19).

Si dos de vosotros se reúnen y están de acuerdo, el Señor dijo: Yo lo haré por ustedes debido a su fe. Por lo que nuestra fe es una potente fe. Cualquier fe fuera de Jesús no es fe. La verdadera fe está arraigada en el Señor Jesucristo. No hay nadie comparable a Jesús; hasta el diablo sabe que no hay nadie como Jesús. Así que como cristiano, no se dé por vencido cuando esté deprimido. No importa cómo se siente no importa lo que está pasando, no se dé por vencido, porque su fe es una gran fe, es una fe invencible, que no puede ser derrotada, y nuestra fe es la victoria que vence al mundo.

¿Sabe que si usted no cree en Dios, Dios cree en sí mismo? La incredulidad de los hombres no puede cambiar la fe de Dios. Si usted no cree en Dios,

Dios no puede negarse a sí mismo (2 Timoteo 2:13). Es por ello que no se puede detener a Dios y Su, obra, porque Él tiene un plan, y se ejecutará su plan.

Nuestra fe, esa fe colectiva es el cotejo de nuestra fe personal individual. Esa es su fe, mi fe, y la fe congregacional o social de toda la iglesia cuando nos reunimos es una fe vencedora, y eso es muy importante de entender.

Todo lo que es nacido de Dios, ¿qué significa eso? Esto significa que si usted ha nacido de Dios, si ha nacido de nuevo, o si usted es una nueva creación, las cosas viejas pasaron y todas son hechas nuevas (2 Corintios 5:17). Si se ha convertido en una nueva persona, esa persona que ha nacido de Dios vence al mundo. ¿Cómo? La victoria que vence al mundo es por nuestra fe. Usted debe ejercer su fe para vencer porque hay que resistir al diablo después de someterse a Dios, como leemos en Santiago 4: 7:

"Someteos, pues, a Dios; resistid al diablo, y huirá de vosotros."

Usted puede estar en la sala de prueba, y el diablo está atacando su mente a un punto muerto, pero en ese momento no puede tomar teléfono para llamar a su pastor. Usted tiene que resistirlo diciendo "En el nombre de Jesús pasaré este curso, y decir amén a usted mismo."

Por ejemplo, en mi último año en la universidad, yo estaba defendiendo mi tesis, cuando de repente mi supervisor empezó a calificarme. Empezó desde A (diez), él dijo tengo cinco puntos en tu contra, 5 puntos negativos, en este proyecto. Pero yo era un estudiante de A (dieces) que se suponía conseguiría una "A" (diez). Por lo demás, habló sobre el punto 1, punto 2, cuando llegó al punto 3, me dije: "Diablo eres un mentiroso". Este hombre estaba a punto de darme una "C" (7.5). En voz baja, ordené en el nombre del Señor Jesús, y dije: "Para ahora". El hombre no escuchó mi oración, pero Dios escuchó, y por eso no fue más allá del tercer punto, se detuvo. Gracias a Dios que tenía mi fe a disposición de ejercer, porque en ese momento mi pastor no estaba cerca para ayudarme. Terminé recibiendo una "B" (8.5). Pero si no hubiera orado, me habría dado una "C" (7.5).

Para recibir lo que me dieron tuve que luchar, y eso es de lo que se trata la vida y por qué tenemos que poner nuestra fe a trabajar. Tuve que usar mi fe, porque yo no estaba allí para verlo calificarme, por lo que luché al diablo con mi fe. Es posible que nunca supiera qué pasó con él, pero yo supe lo que hice con el poder de Dios en mi boca, y ¡la fe de Dios dentro de mí!

En caso de no saber hasta ahora, su fe es una fe vencedora. Usted puede vencer al diablo, la enfermedad, la depresión o cualquier cosa con que se enfrente. La Biblia nos dice en Gálatas 2: 20-21:

"Con Cristo estoy juntamente crucificado, y ya no vivo yo, mas vive Cristo en mí; y lo que ahora vivo en la carne, lo vivo en la fe del Hijo de Dios, el cual me amó y se entregó a sí mismo por mí. No desecho la gracia de Dios; pues si por la ley fuese la justicia, entonces por demás murió Cristo."

Hay una poderosa verdad que aquí se indica en el versículo 20 que muchos de nosotros tenemos que entender. La fe que ejerce como cristiano no es su fe, es la fe de Jesús. Si usted ha recibido a Jesús en su corazón, tiene fe ahora que es más grande que usted, enfermedad, pobreza y servidumbre. Al nacer de nuevo, recibirá el espíritu de Dios. Es ese espíritu del que la Biblia está hablando aquí. *El poder del Espíritu Santo es el poder de la fe.* Por lo tanto la vida que vive no es por su intelecto, o la forma en que razona, por lo que ve, por lo que oye o lo que siente. Por eso, el justo, que ha sido cambiado por el poder del Espíritu Santo, vivirá por la fe del Hijo de Dios, o específicamente la fe de Jesús (Gal 2,20). Así, el Señor Jesús dijo:

"Y estas señales seguirán a los que creen: En mi nombre echarán fuera demonios; hablarán nuevas lenguas; tomarán en las manos

serpientes, y si bebieren cosa mortífera, no les hará daño; sobre los enfermos pondrán sus manos, y sanarán." (Mc 16, 17-18)

Si usted cree, todo lo que hizo Jesús, puede hacerlo. De hecho, debería estar haciéndolo. Todo lo que ve en los evangelios que el Señor Jesús hizo, todo creyente debería estar haciéndolo. ¿Por qué? Debido a que la vida que vivimos es por la fe en el Señor Jesucristo. Hasta el punto en el que puede ver en las tormentas de la vida y no temer, pero al igual que el águila, enfrenta a la tormenta con audacia y dice *"No moriré, sino que viviré, y contaré las obras de JAH" en la tierra de la vivientes"* (Salmo 118: 17).

A principios de este año, prediqué sobre la esperanza, y dije, "No te rindas, no cedas, no salgas, y no te desanimes" Incluso cuando se desanime, no salga. Usted sabe que en el boxeo, se tiene un nocaut técnico. A veces el diablo le dará, como creyente, un nocaut técnico, no deje que lo descarten. Antes de que la cuenta llegue a diez levántese, y no sea excluido. Miqueas en el capítulo 7: 8 dice:

"Tú, enemiga mía, no te alegres de mí, porque aunque caí, me levantaré."

Y Proverbios 24:16 afirma que *"... siete veces cae el justo, y vuelve a levantarse; Mas los impíos caerán en el mal."* En Job 14: 7, se nos dice que hay esperanza para un árbol, incluso si el diablo lo corta, todo lo que necesita es el olor del agua y va a retoñar.

La fe que usted tiene es la fe de Jesús. Es una fe de superación, es una fe exitosa y es una fe personal. Esta es la razón por la que debe poseerla, y no jugar con el mandato de Jesús. No debe haber tiempo para frivolidades o juegos. Hay que tomarla en serio y poseerla a medida que se edifica a usted mismo en su santísima fe (Judas 1:20). Cuando nos fijamos en el Evangelio, vemos al Señor Jesús diciendo: *"Conforme a vuestra fe os sea hecho"* (Mateo 9:29).

Baste decir que Dios realmente responde y toma nuestra fe en Él en serio. Esto es similar al pasaje en Números 14:28:

"Diles: Vivo yo, dice Jehová, que según habéis hablado a mis oídos, así haré yo con vosotros."

Es evidente que hablamos lo que creemos. Cuando los ciegos dijeron "Sí Señor" como una señal de su fe en que el Señor Jesús es capaz de curarlos a ellos, dijo: *"Conforme a vuestra fe os sea hecho"*.

Su fe le ha salvado. Pero en Lucas 8:25 que se mencionó anteriormente, leemos:

"Y les dijo: ¿Dónde está vuestra fe? Y atemorizados, se maravillaban, y se decían unos a otros: ¿Quién es éste, que aun a los vientos y a las aguas manda, y le obedecen?"

La historia era que los discípulos y el Señor Jesús viajaban en el mismo barco. Una tormenta de viento surgió mientras que el Señor Jesús estaba durmiendo en la barca, y trajo agua al barco. Los discípulos tenían tanto miedo que vinieron a despertarlo del sueño diciendo:

"... ¡Maestro, Maestro, que perecemos! Despertando él, reprendió al viento y a las olas; y cesaron, y se hizo bonanza." (Lc 8:24).

Vemos el Maestro en este pasaje demostrando su poder sobre los elementos - reprendió al viento y la tempestad del agua, y hubo una gran calma. Luego, se volvió a ellos y dijo, ¿dónde está su fe? La cuestión aquí es la siguiente, que la mayor batalla que el cristiano lucha es la batalla de la fe. Y esto es lo que pasa; la fe tiene un enemigo instigado por el diablo. Ese enemigo se llama "miedo". MIEDO también conocido como Falsa Evidencia que Aparenta ser Real (FEAR en inglés). Tuve una experiencia de primera mano del espíritu de temor hace muchos años, y fue necesaria la intervención de Dios para librarme.

En 1994 vivía en Londres, Inglaterra, llegué a los EE.UU., e hice muchos viajes. Por todos hice cerca de dieciséis viajes. Una mañana llegué de Nashville a Pittsburgh, PA pero en realidad iba a West Virginia. Volé en la tarde y mi avión despegó alrededor de las 3 y cerca de las 3:20 había un accidente aéreo en Pittsburgh. Llegué a West Virginia, junto con el grupo de investigación llegué a conocer y hacer hecho todo lo que tenía que hacer, llegué a mi habitación de motel alrededor de las 6:00pm, encendí el televisor y luego oí en las noticias que había habido un accidente aéreo en el aeropuerto en el había estado esa tarde.

Tuve una experiencia que he tenido solamente una vez en mi vida y no tendré otra vez en el nombre de Jesús. Mientras estaba allí en esa habitación escuchando las noticias, a mitad de la transmisión de noticias, una atmósfera vino sobre mí. Apagué el televisor, dije "Dios ¿qué voy a hacer?" tengo que volver a Londres mañana, ¿cómo voy a volar en este sospechoso avión? El miedo vino sobre mí, y le estoy contando una historia real. Si fuera posible conducir, de Morgantown, West Virginia a Londres, lo habría hecho. El miedo se apoderó de mí, nunca había experimentado ese tipo de cosas antes, estaba tan asustado, y ya ni siquiera podía escuchar más las noticias. Empecé a decir "bien, Dios, ¿Cómo llego a casa? ¿Cómo vuelvo a Londres? Pero no puedo conducir de Morgantown a Pittsburgh y tomar un vuelo de Pittsburgh a Londres. ¿Cómo voy a hacer eso? Así que estaba allí, paralizado por el miedo.

Entonces, de repente, oh gracias a Dios por el Espíritu, algo aceleró dentro de mi espíritu y dijo eres un Cristiano, eres un creyente, tienes miedo. Yo dije: "Diablo eres un mentiroso, *te reprendo espíritu de temor" y se fue*. Así aprendí una verdad profunda ese día. El miedo es un espíritu. El miedo no es un sentimiento, y es del diablo. El miedo es lo contrario y enemigo de la fe. Este es el punto que estoy tratando de hacer. Si usted entretiene o da espacio al miedo, no puede tener fe. Es el miedo el que hace tener ataques de pánico, ansiedad y noches sin dormir. Ese es miedo, no es fe.

El miedo lo aleja de la fe, así que no dé cabida al miedo. No importa lo que está pasando, no tema, porque su fe es una fe vencedora. Usted vencerá en el nombre de Jesús. No ceda al miedo de con quien se casará, miedo de un empleo, miedo de qué va a comer, sino que reprenda el miedo en el nombre del Señor Jesucristo. Expulse el miedo de su vida. Sin embargo, la verdad es que, estadísticamente, el 85% de lo que tememos nunca sucede. "Oh Dios ¿voy a vivir solo el resto de mi vida?" No estará solo. Dios le dará una esposa; Dios le dará un marido. ¿Qué pasará con mis hijos si van a la universidad? No tema, Ángeles velarán por sus hijos cuando usted no esté allí. Dios es capaz de sustentarlos.

Todas las cosas a las que tiene miedo nunca van a pasar en el nombre de Jesús. Así que no dé lugar al miedo. La Biblia dice en Romanos 4:20 Abraham no dudó en la fe porque no cedió ante el miedo. Era Sarah quien animaba a Abraham ir a Hageo porque sentía que Dios se estaba retrasando; Ambos hicieron un terrible error al hacerlo, y por ende dar a luz a Ismael. Sigue siendo un problema hasta hoy. No cree un problema a raíz del miedo. No vaya y cásese con el hombre o la mujer equivocado(a) por miedo. No vaya a tomar un trabajo o entrar en un negocio a raíz del miedo. No haga nada por miedo. No dé lugar al miedo *"...al que cree todo le es posible"* (Marcos 9:23).

Permita que su fe personal hable. Esta es una dimensión de la fe cristiana que muchos de nosotros no se sabe muy bien cuan poderosa es. Su fe personal puede afectar a toda una familia, y puede cambiar la cultura. Cuando nos fijamos en las escrituras sobre todo las cartas de Pablo a los Romanos, 1 Corintios, 2 Corintios, 1 Tesalonicenses, Colosenses oímos esta frase *"... vuestra fe se divulga"* o *"hemos oído de vuestra fe"* o *"tu fe se ha extendido"* En la carta a los Efesios y Colosenses, Pablo muestra que la proclamación de su fe provocó acción de gracias y oración constante en ellos (Efesios 1: 15-18, Colosenses 1: 4).

Regocijándose por la firmeza de su fe, una vez más los exhortó a ser arraigados y edificados en el Señor Jesucristo, y confirmados en su fe (Colosenses 2: 5-7). Desconocido para usted, por mantenerse firme como cristiano hay personas que serán animadas, mediante su accionar. Una de las cosas que me sorprendió cuando me inscribí en Facebook fue el hecho de que dentro de un año o dos empecé a tener contacto con algunos de mis viejos compañeros de colegio que no había visto o escuchado de desde 1978. Lo que también me impactó fue el hecho que estos chicos habían estado pensando acerca de mí todos estos años. Uno de ellos dijo "Nosa, el domingo pasado yo te estaba usando para predicar aquí en mi iglesia".

Desencadenó un recuerdo de otro incidente que se produjo al final de mi primer año en la universidad, los cristianos en mi clase a menudo se reunían para orar por las noches. Una noche, uno de nosotros que era un cristiano recién convertido leyó cómo el Señor Jesús convirtió el agua en vino. Luego dijo que él cree que Dios puede usarnos para hacer lo mismo. Los que éramos más maduros como cristianos, con el fin de no desanimar a su fe, aunque desconcertados, simplemente seguimos el juego. Realmente creíamos, dijimos cualquier cosa podría suceder. Pero voy a alguna parte con esta historia.

Oramos y oramos por horas, pero el agua no se convirtió en vino, ¿de acuerdo? Pero esto es lo que pasó, cuando los cristianos más antiguos en el otro lado del campus oyeron, fueron provocados. Esto provocó algo en su espíritu, que si un cristiano joven puede elegir creer en Dios para convertir el agua en vino, entonces ¿qué estamos haciendo? luego su fe comenzó a crecer. Lo que estoy tratando de transmitirle es que, su fe tiene un impacto. Ya sea que lo crea o no, la forma en que vive ahora afecta a los que le rodean, porque le están mirando. Nunca prediqué a la mayoría de mis hermanos, ellos sólo me observaron, pero hoy todos son cristianos.

No importa su historia, hermanos, incluso si el diablo le da un nocaut técnico, no se quede abajo, levántese y luche. Esto se debe a que hay gente que la Biblia dice están esperando para ver su manifestación en Romanos 8:19:

"Porque el anhelo ardiente de la creación es el aguardar la manifestación de los hijos de Dios."

Y están en dolores y están gimiendo tal como v22 nos dice. Hay personas que están esperando que usted se manifieste. Usted debe manifestarse en el nombre de Jesús. Su fe es impactante. Su fe es una fe poderosa. Usted no tiene idea de las decenas de miles, cientos de miles, tal vez millones a la espera de que se manifieste. No se rinda, más bien tenga un poder y fuerza impulsadora para vencer al mundo. Pablo escribiendo a los Corintios (1 Corintios 2: 4-5) hizo hincapié en que su predicación no fue con palabras persuasivas de humana sabiduría, sino con demostración del Espíritu y de poder, *"para que vuestra fe no esté fundada en la sabiduría de los hombres, sino en el poder de Dios."*

La fe que resista el paso del tiempo debe estar basada en el poder de Dios. Este poder de Dios demostrado por la resurrección del Señor Jesús ahora provee la base para que su fe no sea en vano. Por lo tanto la veracidad de su fe se basa en la resurrección del Señor Jesucristo. De lo contrario, si no hay resurrección, entonces su fe sería en vano. El Señor Jesucristo ha resucitado y vive hoy en día, y declaró ser el Hijo de Dios por Su resurrección de entre los muertos (Romanos 1: 4). Mientras corregía a los Corintios (2 Corintios 1: 23-24), Pablo comenta que su papel como líderes espirituales no era ser dominantes o enseñoreadores de *"vuestra fe"*, sino colaboradores para *"vuestro gozo"*.

Él nos muestra claramente aquí la importancia de la necesidad de líderes espirituales para evitar tendencias dictatoriales en el liderazgo. *"...Porque por la fe estáis firmes"*. La esperanza de Pablo para ellos, al ellos estar firmes en la fe era *"...conforme crezca vuestra fe..."*, los límites de su ministerio serán extendidos y ampliados - 2 Corintios 10:15. En su primera epístola a los Tesalonicenses (1 Tesalonicenses 1:8 y 3:2-10), observamos estos principios:

- *"...vuestra fe se ha extendido..."* al igual que en el caso de los romanos, Efesios y Colosenses.
- Como resultado Pablo envió a Timoteo con el singular propósito de:
  o *"...confirmaros y exhortaros respecto a vuestra fe..."*
  o *"...enviado para informarme de vuestra fe..."* para saber cómo su fe estaba lidiando bajo intensa presión.
- Cuando Timoteo regresó, trajo *"... buenas noticias de vuestra (firme) fe..."*
- Estas buenas nuevas llevaron comodidad *"...en medio de toda nuestra necesidad y aflicción por medio de vuestra fe"*
- El efecto de la noticia reconfortante provocó orar día y noche para ver su rostro y *"...completemos lo que falta a vuestra fe".*

En 2 Tesalonicenses 1:3-4, Pablo había ido más allá de perfeccionar su fe para dar gracias a Dios y gloriarse en el hecho de que *"...vuestra fe va creciendo..."*

Así que vemos en las escrituras que la fe es personal. Esta fe puede crecer porque hay una semilla en ella. Esta fe enfrentará pruebas. Santiago 1:3 dice: *"...la prueba de vuestra fe produce paciencia"*. ¿Cuál es la lección? Esta fe que es su fe personal será probada. Para que su fe crezca, debe ser probada. Debe enfrentarse a un desafío; el reto es para llevarlo a un terreno más alto. Por favor, no olvide esta verdad porque como creyentes cuando nos enfrentamos a desafíos en la vida empezamos a renunciar a Dios. No, no se rinda; El propósito de la prueba de vuestra fe es para desarrollar la paciencia y la paciencia teniendo su obra completa, produzca la madurez en usted.

"Mas tenga la paciencia su obra completa, para que seáis perfectos y cabales, sin que os falte cosa alguna." (Santiago 1:4)

Por lo que su fe personal será probada para hacer crecer su fe. Usted tiene que ser firme en su fe. ¿Cómo puede crecer su fe? Es mediante el ejercicio de la misma. No es que cada vez que tenga un dolor de cabeza, usted deba ir por un Tylenol, o Advil. No todo el tiempo.

La próxima vez que lo tenga, diga "te reprendo en el nombre de Jesús, dolor de cabeza vete." Olvídelo; será sorprendido que incluso olvidará que tenía un dolor de cabeza. No hay nada malo en tomar medicina; pero no cada vez que tenga dolor de cabeza tome píldoras. No es que cada vez que necesite dinero, se diga a sí mismo, sé que si yo llamo a la hermana J, ella me dará dinero. En lugar de esto, ore y diga "Señor provee para mí." Deja que Dios envíe a un extraño a bendecirme. Algún día, espere que el IRS (Oficina de Impuestos sobre la Renta) le pague todo lo que le deben y saber cómo Dios puede proveer.

He experimentado eso antes hace muchos años. Sin trabajo, sin negocio, de repente en el correo estaba un cheque del IRS por alrededor de $4.500 que me debía. Cuando le deben, le pagan con intereses. Ellos me debían más de $3.000 y me pagaron cerca de $ 1.500 de interés. Por lo tanto tiene que creer que su fe se va a producir para usted, pues la prueba de su fe produce paciencia, alabado sea el nombre del Señor. Pedro lo dice,

"Para que sometida a prueba vuestra fe, mucho más preciosa que el oro, el cual perece "(1 Pedro 1: 7)

Pedro en su segunda carta (2 Pedro 1:5) nos anima a hacer todo esfuerzo en el ejercicio de *"vuestra fe"*, para desarrollar (añadir) virtud (excelencia moral) a su fe. Cuando nos fijamos en los evangelios, vemos la mujer con el flujo de sangre, Jesús le dijo: *"...Tu fe te ha salvado"* (Mateo 09:22, Marcos 5:34, Lucas 8:48).

También vemos los ciegos, el Señor Jesús les preguntó: *"¿Creéis que puedo hacer esto?"* Ellos dijeron: *"Sí, Señor"* (Mateo 9:28) os sea hecho conforme a vuestra fe. Dios responde principalmente a la fe. Si quiere conseguir cosas de Dios, es por fe. La manera de cambiar su vida es por su fe. La forma de progresar y avanzar en la vida es por su fe, porque el justo vivirá por la fe. Así vemos que es su fe personal. En el caso del ciego Bartimeo (Marcos 10:52, Lucas 18:42), el Señor Jesús le dijo: *"...Tu fe te ha salvado..."*. La salvación (Soteria en griego) significa totalidad/ Integridad (Shalom - nada falta y nada roto) en su espíritu, alma y cuerpo.

No hay nada malo en pedir a los hombres orar por usted, yo creo en eso. Pido a la gente orar por mí, pero muchas veces, Dios dirá. "Ora por ti mismo." Aprenda a orar por sí mismo y obtener respuestas a sus oraciones, porque la fe es personal. Así que sepa cómo conquistar el miedo por fe. Cuando usted no usa su fe, su fe crecerá. Aprenda a pedir a Dios por lo que su fe es capaz de creer por ahora, antes de creer por algo más grande.

Déjame contarle, como un cristiano joven, era un adolescente y muchas veces tenía diez o veinte centavos en mi bolsillo y necesitaba un taxi para ir a la iglesia. Así que esto es lo que solía hacer. "¡Taxi, taxi, taxi! Voy a XYZ ¿cuánto es mi pasaje?" Él respondería 'Veinte centavos por el viaje', y yo respondía '¿diez centavos? Ya que sólo tenía diez centavos conmigo.' Al oír mi respuesta, ellos solo se iban. Entonces yo solo oraba: "Señor, dame un taxista que aceptará tomar diez centavos." Un taxi vendría, y yo diría "¿Cuánto?" "Él diría veinte centavos", yo respondía "diez centavos, ya que solo tenía diez centavos". Él sorprendentemente respondería "¡Entra!" Muchas veces fui a la iglesia con diez centavos en mi bolsillo y Dios respondió a mis oraciones.

Ahora podemos creer a Dios por más y por una vida libre de deuda, tanto en nuestra vida personal, así como en el ministerio. Necesitamos finanzas para la obra del ministerio tanto en casa como en el campo de misión. La Pastora Anne y yo estábamos en Londres un día en el Centro Internacional Cristiano Kingsway (KICC), y la gente venía a dar para los fondos de construcción - 100 Libras, 200 Libras y 500 Libras etc. No sabía si podíamos siquiera costearnos hasta 50 libras, ¿sabe lo que ella hizo? Ella partió de la iglesia, salió, y clamó a Dios, y dijo: "Si me bendices, voy a utilizar mi dinero para construir tu casa." Así que cuando la gente hace cosas, uno no sabe de dónde vienen. Usted no sabe la oración que han orado. Es por eso que ella será bendecida. Porque ella salió y oró una oración que solo Dios y ella misma y yo sabíamos, y dijo "Dios me bendiga" porque ella estaba llorando el no poder dar para el trabajo de Dios.

Esta es la fe; usted tiene que creer a Dios para cambiar su situación. No acepte la mediocridad y diga que esto no tiene importancia, que aquí es donde estamos. Importa y no es aquí donde usted se encuentra. Dios quiere moverle más lejos en el nombre de Jesús, Amén. Su fe le salva, usted vive por la fe, usted vence por la fe, y su fe no debe fallar. Cuando se lee la historia de la mujer con el frasco de alabastro en Lucas 7: 44-48 Jesús dice:

"Y vuelto a la mujer, dijo a Simón: ¿Ves esta mujer? Entré en tu casa, y no me diste agua para mis pies; mas ésta ha regado mis pies con lágrimas, y los ha enjugado con sus cabellos. No me diste beso; mas ésta, desde que entré, no ha cesado de besar mis pies. No ungiste mi cabeza con aceite; mas ésta ha ungido con perfume mis pies. Por lo cual te digo que sus muchos pecados le son perdonados, porque amó mucho; mas aquel a quien se le perdona poco, poco ama. Y a ella le dijo: Tus pecados te son perdonados."

¿Cuál fue el secreto de esa mujer que era una pecadora de la comunidad? La Biblia dice que cuando supo que Jesús estaba en la casa, ella vino con su frasco de alabastro. ¿Cuál fue la clave allí? Ella creyó en Jesús lo suficiente como para utilizar el salario de todo un año para comprar el aceite de oliva perfumado para ungirlo. Esto se debe a que no usó el aceite de oliva normal o regular; compró el aceite más caro. Por eso Jesús dijo a Simón, incluso con el aceite de oliva normal, no me ungiste, pero esta mujer gastó un año de salario para comprar aceite para ungirme. No se trataba del bálsamo, sino que era más sobre su fe en Jesús.

Y por eso Jesús dijo en Lucas 7:50, *"... tu fe te ha salvado..."*. No dijo tu frasco de alabastro te ha salvado. Fue porque ella creyó que era capaz de dar. ¿Por qué es que cuando se habla de todo los cristianos gritamos, pero cuando hablamos de dinero, guardamos silencio? Es la incredulidad. Si un cristiano se siente incómodo por el dinero, es incredulidad. Si usted cree en Jesús, déjame decirle, no puede esperar para dar a la obra del ministerio tanto como Dios le ha bendecido.

Vemos de lo anterior que usted puede ser sanado, salvado y ser completo por *"Su Fe"*. Finalmente, Judas 1:20 dice:

"Pero vosotros, amados, edificándoos sobre vuestra santísima fe, orando en el Espíritu Santo."

Ponga las manos sobre su vientre y comience a orar en el Espíritu Santo para que su fe sea fuerte y crezca.

CAPÍTULO 5

Las Preposiciones de la Fe – La Fe es Tangible

A medida que avanzamos en nuestro camino de entendimiento de la fe y sus atributos, comencemos diciendo que la fe es tangible. Es un material, real; no es ni suposiciones, ni filosofía. Es muy importante que usted entienda que para un cristiano, la fe es una cosa tangible. Por lo tanto, si la fe es un material, y tangible, ¿qué se supone que debo hacer? A desarrollar y utilizar la misma. En el último capítulo, aprendimos sobre el reto que plantea el Señor Jesús a los discípulos preguntándoles *"¿dónde está vuestra fe?"* En esencia esto significa que los discípulos habían bien ocultado o perdido su fe.

Usted no puede permitirse el lujo de poner su fe en el estante, hay que ponerla a trabajar, para que pueda beneficiarse con ella. Usted tiene una fe personal en Cristo, y esa fe personal es una fuerza que está facultada para hacer hazañas en Cristo. *Por lo tanto, la fe es un material tangible que debo usar para adquirir mi deseo.* En Hebreos 11 vemos dos estribillos comunes *"a través de la fe"*[1] entendemos (vs. 3), y *"por la fe"* Abel, Enoc, Noé, Abraham (vs. 4, 5, 7, 8) y así sucesivamente. Y después de cada nombre mencionado, lo que su fe hizo pasar estaba listado. Estas dos palabras son las preposiciones, *"por"* y *"a través de"*. Pero en el contexto bíblico, tienen significado. El primero de ellos que examinaremos está en el versículo 11 *"a través de la fe también Sara"*. ¿Qué significa eso? Esto significa *debido a la fe* algo le pasó a Sara, lo

---

[1] "Through"; por la traducción en inglés de la Biblia.

que significa que si tiene algunos elementos de la fe en su corazón, Dios hará algo por usted.

No tiene que ser una fe grande, pero sólo porque tiene fe en su corazón, usted puede tener su deseo. A veces, como Sara somos humanos. Dios le dijo a ella, tendrás un hijo, y Sara se rio, porque pensó que era una broma, ¿a los 90 años? No creía, pero porque la fe de Abraham estaba en la atmósfera, sucedió como dijo Dios. Muchas veces, pensamos que no podemos recibir, porque nuestra fe no es grande; no se trata de tamaño. Es por ello que nuestro Señor Jesucristo dijo en Mateo 17:20 que:

"...Por vuestra poca fe; porque de cierto os digo, que si tuviereis fe como un grano de mostaza, diréis a este monte: Pásate de aquí allá, y se pasará; y nada os será imposible"

La razón por la que Dios lo hará es *debido a que usted cree*, no porque su fe era grande. Un gran hombre de Dios que se ha ido al cielo ahora, que creció en mi ciudad, contó esta historia a algunos de sus ministros y llegué a escucharlo. Tenía una cruzada en un estadio en el este de África, hace muchos años. El estadio estaba lleno. Dijo como un ser humano, si los lisiados, ciegos y sordos, que trajeron hubiesen estado en la multitud, habría sido más fácil predicar que Dios puede sanar. Sin embargo, las llevaron a la plataforma, por lo que no se podía huir. Hombre de Dios, si usted dice que Dios sanará, queremos verlo hoy.

Así que trajeron los lisiados, ciegos, cojos, no en la multitud, sino que los alinearon en la plataforma. Él dijo sinceramente en ese momento, que no creía él tenía suficiente fe para creer en Dios. Este fue un gran hombre de Dios compartiendo su experiencia, pero de acuerdo con él, siguió predicando hasta que ya no pudo extender el sermón. Tenía que haber una actuación, y la gente estaba esperando y observando su siguiente movimiento. Como un ser humano en ese momento, él realmente no tenía suficiente fe para sanar todas esas personas, por lo que dijo a la multitud: "¿Ustedes creen que Dios puede sanar?" El estadio rugió y dijo que ¡sí! Dijo, empiecen a orar, y él todavía estaba marcando el tiempo. Este era el último Arzobispo Benson Idahosa.

Así que empezaron a orar y él también estaba orando. No sabía qué hacer. Bendito sea el nombre del Señor, al momento que la congregación comenzó a orar, el poder de Dios vino sobre él, y él ni siquiera tuvo que tocarlos cuando empezó a hablar la palabra de fe - "lisiados, yo os mando a levantarse y caminar." Y los lisiados comenzaron a saltar y caminar. Dios vio su fe y la fe de la gente e hizo algo, cuando parecía imposible humanamente hablando.

Dios va a entrar en su situación. Así que cuando nos fijamos en Hebreos 11, ¿qué significa "*por la fe*"? Esto significa que, *a través de la entidad de la fe, mediante la fe como instrumento, y la fe como un medio para hacer algo*. Así, por ejemplo, usted quiere que su papá le compre algo, usted limpia la casa y dice a su papá, he limpiado la casa, me das algo de dinero, ¿no? Usted cree que al limpiar la casa, su papá le dará un poco de dinero, eso es fe. Es un medio para algo; la fe es un instrumento que tiene como creyente para hacer que las cosas sucedan para usted. Por eso, el justo vivirá por la fe, porque *cada aspecto de su vida tiene que ser orquestada por su fe en Dios*.

Ya sea para sus exámenes, sanación, tener hijos, prosperidad y protección, debe tener fe en Dios. Todo en el reino depende de la fe, y la fe es la moneda del reino de Dios. Es el medio de transacción, por lo que sin fe, no se puede realizar transacciones en el reino de Dios. De hecho, sin fe ni siquiera sería un Cristiano, porque somos salvos por gracia a través de (la entidad de) la fe. Eso es lo que Efesios 2:8-9 nos dice. Somos salvados por la gracia *a través de*[2] la fe. A través de la entidad de la fe, el portador y el instrumento que nos ayude a ejecutar lo que creemos. Esto es de gran alcance; la fe puede hacer que las cosas sucedan para usted en el nombre de Jesús.

---

[2] "Through"; por la traducción en inglés de la Biblia.

A través de esa simple palabra "por", Dios hará que las cosas sucedan. Eso es lo que quiere decir la Biblia cuando dice por la fe. ¿Qué pasó ahí para todos aquellos héroes de la fe desde Abraham, Jacob, Noé, Isaac, Elías, Eliseo, David y Daniel, todo lo que hicieron fue por la fe. Por su fe causaron que las cosas sucedieran. ¿Por qué iban Sadrac, Mesac y Abed a saltar en el fuego, si no estaban dispuestos a morir? Es obvio que no tenían miedo a morir, pero cuando entraron en el fuego, su fe hizo que el fuego se convirtiera en aire acondicionado. Cuando usted tiene fe en Dios, esto cambiará su situación. Dios puede cambiar su vida en un giro de 180 grados. Por la fe, Dios puede hacer a sus enemigos estar en paz con usted, a su jefe darle doble promoción y recuperar todo lo que ha perdido en diez años. La fe es una fuerza. Hay dos fuerzas poderosas de comportamiento:

1. **Amor** - el más importante y muchos de nosotros ni siquiera lo sabemos. El amor es una fuerza espiritual. Cuando usted ama a la gente y ellos le odian, no se preocupe, que siempre va a ganar. Cuando ama a la gente y ellos le hacen mal, no se preocupe, porque el amor es más fuerte que el odio. Continúe amándoles, un día vendrá; la persona no será capaz de resistir su amor nunca más.

2. **Fe** - es una fuerza. La fe es una fuerza espiritual. Cuando se ejercita la fe, el diablo huirá. Cuando se tiene fe, siempre se gana, cuando se tiene fe no se abandona, y por no abandonar, ganará. Por medio de la paciencia y la perseverancia, obtendrá la promesa. Así que a través de la fe, las cosas suceden, y por la entidad de fe Dios le sanará. Como cristiano, debe cambiar sus tácticas, habla fe, y hablar vida en lo que quiere en su situación. Hay tales cosas llamadas las palabras de la fe, incredulidad, miedo, ira e ignorancia. Al soltar la palabra de fe, ángeles comienzan a trabajar en su nombre. Pablo dijo: *"Creí, por lo que hablé."* (2 Corintios 4:13).

Si usted cree que Dios le sanará, entonces háblelo diciendo "Estoy sano en el nombre de Jesús." Si usted cree que Dios le prosperará, dígalo en voz alta en el nombre de Jesús. Si usted cree, dígalo, porque a través de la fe, Dios hará que las cosas sucedan.

Hay muchas escrituras que podemos ver, pero vamos a empezar con Hechos 15:9-26. Vemos aquí que por la fe, nuestros corazones se purifican, y por la fe son santificados. Cuando usted fue salvo, usted no vio un ángel con una esponja para lavar su corazón. ¿Cómo supo que su corazón está limpio? Por la fe usted cree, y ¿cómo supo que sus pecados han sido perdonados? ¿Cómo supo que permanece justo en Dios, por la fe? Así Romanos 3:22, 28, 30 declara que tenemos nuestra justicia, por la fe, y una gran cantidad de escrituras hablan con el hecho de que somos justificados. Así como si nunca hayamos cometido ningún pecado. En Romanos 5:1, leemos:

"Justificados, pues, por la fe, tenemos paz para con Dios..."

Todas estas escrituras se centran en la palabra "por", como vemos en el versículo 2:

"Por quien también tenemos entrada por la fe a esta gracia en la cual estamos firmes..." vs 2.

Al nacer de nuevo como un hijo de Dios, esto es lo que sucede, el versículo 2 dice por Él, por el Señor Jesucristo, tenemos entrada por la fe, a esta gracia, en la cual estamos firmes, y nos gloriamos en la esperanza de la gloria de Dios. El día en que el Señor Jesús en la cruz dijo, *"Consumado es"* pasaron muchas cosas, y una de las cosas más importantes, como cristiano de entender que ocurrió, fue que el velo del templo se rasgó de arriba abajo en dos:

"Mas Jesús, habiendo otra vez clamado a gran voz, entregó el espíritu.

Y he aquí, el velo del templo se rasgó en dos, de arriba abajo; y la tierra tembló, y las rocas se partieron" (Matt 27: 50-51).

¿Qué significa eso? Hasta que Jesús murió, sólo los sacerdotes podían ir más allá del velo. La Biblia dice: "*...el velo del templo se rasgó en dos...*" Pero esto es lo poderoso, que no fue cualquier hombre / mujer que rasgó la cortina en dos, ni tampoco se separó de la parte inferior a la parte superior.

"*Porque por gracia sois salvos por medio de la fe; y esto no de vosotros, pues es don de Dios; no por obras, para que nadie se glorie.*" (Efesios 2:8-9)

No se podía trabajar para ello. Dios lo hizo todo y es por eso que rasgó el velo del templo desde **arriba** hacia **abajo**. No se podría haber hecho alarde de su salvación, Dios lo hizo Él mismo. Ahora digo que usted tiene acceso. Esta firma por sí sola es suficiente para prenderle fuego de Dios. Vaya a casa, hable con Dios, Él escuchará sus oraciones.

Sé lo que significa creer a Dios, solo por sí mismo cuando nadie creía en usted. Por esta fe tengo acceso a Dios. Puedo hablar con Él en cualquier lugar que estoy porque tengo acceso al Reino de Dios. Por lo tanto, puedo cantar:

Padre tenemos la confianza por la sangre de Jesús. De entrar en el lugar donde se encuentra.

Una de las fotos de las que presumo concerniente a mi generación se muestra a continuación. Un grupo de nosotros en colegio, algunos en 6º, 7º, y 8º grado, pero yo estaba en el 9º grado. Había también un par de 10º, 11º y 12º grado incluidos en esa fotografía. Permítanme compartir con ustedes brevemente la historia detrás de esa imagen. Todos éramos unos 150-200 niños de secundaria que pertenecían a un grupo de Fraternidad Cristiana. Para mucha gente, éramos un grupo de niños locos. Solían burlarse de nosotros diciendo "Miren a esa gente de S. U. (también conocido como Unión de Escrituras)." A pesar de todos estos grupos de presión oponiéndose a nuestra existencia, lo que me sorprendió fue que ninguno de nosotros se dejó intimidar en cualquier manera o forma, porque el poder está en la simiente. En esa fotografía hay alumnos de 6° y 7° grado que hoy son pastores.

¿Qué piensa usted que un alumno de 6to grado sabe acerca de Jesús? Todo lo que tenían era un poco de fe. Ellos no sabían dónde Dios iba a llevarlos. En esa fotografía, probablemente en algún lugar alrededor de 10 a 20 de nosotros no sabíamos lo que Dios tenía en mente para nosotros. Nos mirábamos ingenuos pero solo teníamos simple fe. Fuimos a la iglesia, leímos la Biblia, cantamos Aleluya y nos fuimos a casa. Para algunas personas esto era una broma, pero bendito sea el nombre del Señor, ¡ahora la realidad es aquí! Cuando miro esa foto de nosotros en secundaria, ¿quién habría sabido que algunos de nosotros seríamos pastores y maestros o algo significativo?

Por la fe usted tiene acceso a algo que es espiritual y celestial. El Reino de Dios es un reino superior. Porque por la fe permanecemos. ¿Por qué caemos como cristianos? ¡Caemos cuando nuestra fe es débil! permanecemos por la fe, esto se en 2 Cor. 1:24, y 1 Cor. 2:5. Estamos firmes en el poder de Dios. El poder de Dios es el fundamento y garantía de nuestra fe. Caminamos por la fe - 2 Cor 5:7. Con nuestra fe, podemos estar fuertes como cristianos. Las tormentas vendrán, vientos soplarán, la lluvia caerá y menos que esté erguido sobre la roca, a menos que esté constantemente obedeciendo y haciendo su voluntad, de modo que usted construya su vida en Jesús, usted no puede permanecer.

Estoy de pie hoy a causa de la palabra de Dios. Sin la palabra de Dios, habría sido historia hace mucho tiempo. He luchado batallas desde que era joven, cuando era un adolescente, como un adulto joven y como hombre casado. Como padre, como esposo, como pastor, he luchado tantas batallas. La lucha contra las batallas de la vida es por lo que vamos a ganar en el nombre de Jesús. Porque por la fe permanecemos. Si se cae, levántese de nuevo y párese. De pie por la fe. Cristo habita en nuestros corazones por la fe. A veces el diablo le dirá, ya no eres cristiano, pero no crea nada de lo que dice. Todavía es un hijo de Dios, pues Jesús mora en su corazón por la fe - Efesios 3:17. Además, 2 Corintios 5:7 dice: - *"porque por fe andamos, no por vista"*

Esto significa; Usted regula su vida por la fe. Usted conduce su vida por la fe, por una convicción. No lleva a cabo su vida solo por lo que ve, siente o escucha, sino por lo que Dios ha dicho en su palabra con respecto a cualquier circunstancia en particular. El Dios que servimos es inmutable, Él es consistente. En Hechos 3:16 leemos el hecho de que por la fe, los milagros suceden, y por la fe Jesús es nuestro cordero sustituto a través del cual hemos sido salvados. Por la fe, tenemos la revelación de Dios y sus promesas para nosotros. Es necesario fe para conocer a Dios. La razón por la que muchos de nosotros no crecemos en Dios es porque no crecemos en nuestra fe, no ejercemos nuestra fe. Hay ciertas cosas que no sabrá acerca de Dios hasta que ejercite su fe. Es necesario fe para comprender. Es por eso que la gente discute, ¿Fue el mundo creado? ¿Hubo evolución? Creo que Dios creó los cielos y la tierra.

¿De verdad cree que vino de un mono o de una ameba? Cuando estaba en la escuela nos dijeron que el ser vivo más pequeño era una célula. La ciencia actual ha demostrado que una célula es un sistema. Los científicos se confundieron, dijeron que la teoría del Big Bang no podía ser tan estructurada u organizada. Como diseñador, tengo una doctrina en diseño. Tengo entendido que hay una cosa tal como la intención del diseño. Hay una razón para la clorofila ser verde. Hay una razón para todo en la creación. Hay una razón por la que los peces pueden nadar a velocidades que no podemos comprender, una razón por la que un águila puede extender sus alas y volar. Se debe a que toda la obra de creación tiene la intención de diseño.

Así que por la fe entendemos que Dios creó a todos los seres vivos. ¿Cuál es el resumen? Su fe es tangible. No deje que el diablo le engañe, usted tiene fe, y su fe puede darle fuerza. Antes de empezar a preocuparse por el futuro diga, Señor confío en ti, encomiendo mi futuro en tus manos. Cuando era joven me preocupaba mucho sobre mi futuro y cada vez que eso sucedía yo cantaba esta canción a mí mismo.

Canción:

> Muchas cosas por el mañana
> No parezco comprender
> Pero sé quien sostiene el mañana
> Y sé quién sostiene mis manos

En otras ocasiones, cuando estaba preocupado cantaba esta canción.

Canción:

> Porque Él vive yo puedo enfrentar el mañana
> Porque Él vive, todo temor se va.
> Porque sé que Él sostiene el futuro
> Y la vida es digna de vivir sólo porque Él vive.

No importa lo que le pasa en la vida no renuncie a la misma. Diga porque Él vive puedo enfrentar el mañana. Dios a veces no va a hacer las cosas de la forma que usted desee, está bien que usted no tenga el control. El hecho de que Dios no haya respondido a su oración en la forma que deseó no significa que Dios no responderá a Su manera. ¡Un cristiano debe y debería caminar en la fe! No camine por lo que ve, simplemente ¡crea que Dios tiene un propósito mayor para usted! Es bueno.

En la exégesis de las preposiciones de "por la fe" y "a través de la fe", Romanos 3:30 nos da una base fundamental. Pablo señala aquí la intersección de la justificación de ambos Judios (circuncidados) y Gentiles (no circuncidados) por la fe y a través de la fe, respectivamente. **Los Judios** siendo justificados "**por la fe**", que originó y comenzó con Abraham y **los Gentiles** siendo justificando "**a través de** (el canal y debido a su recién adquirida) fe".

CAPÍTULO 6

Los Héroes de la Fe

Al comenzar a examinar los héroes de la fe en este capítulo, nuestro texto de atención es Hebreos 11. Hay ciertas escrituras que pueden predicar por su propia cuenta. Esta es una de esas escrituras; todo lo que necesita es solo leerlo. Es un mensaje en sí mismo, y hay un montón de riquezas y bienes en estas escrituras. Hebreos 11 es el libro o capítulo de la fe y lo que se ve en este capítulo son ejemplos de personas reales que han trabajado su fe en la Biblia. Estos no son cuentos, sino gente como usted y yo. Sus historias están catalogadas en este salón de la fama de la fe. Hay algunas personas que sueñan con estar en la NBA, NFL u otros salones de la fama del deporte. Otros se encuentran en el salón de la fama de la música, o aclamados en muchas otras áreas.

No importa el salón de la fama al que pertenece, el que está en Hebreos 11 es el salón más importante de la fama al que alguien querría pertenecer. Éste fue compilado por Dios, que depende exclusivamente de Él, y no es necesario un requisito especial para estar en esa lista. Puede ser un hombre o una mujer, un niño o una niña, puede ser joven o viejo, y todo lo que necesita es fe en Dios para pertenecer a esta categoría.

Este salón de la fama no se puede decir que se ha completado sin usted y yo añadidos a la lista. Es decir proféticamente, este capítulo de la Biblia no está completo sin usted. Esto significa que usted está supuesto a escribir su propia historia de hazañas de la fe en este capítulo. Brevemente tenga una introspección de la historia de su vida, dónde estaba, dónde se encuentra ahora y donde tiene que estar. Este es el capítulo que define la fe. En Hebreos 11:1-2 leemos:

"Es, pues, la fe la certeza de lo que se espera, la convicción de lo que no se ve. Porque por ella alcanzaron buen testimonio los antiguos"

El versículo 2 de nuevo confirma la posición que la fe es personal. Con su fe usted está llamado a producir una buena crónica en la historia de la humanidad. Por ejemplo, dijo Shakespeare, "El mundo es un escenario, y todos somos actores en el mismo." De África a Europa, de Australia a la Antártida, desde el Polo Norte hasta el Polo Sur, desde Johannesburgo a Londres, de Sydney a Beijing, China, el mundo es un escenario y todos somos actores en el mismo. Esta es una declaración verdadera. El mundo es un escenario en el que todos estamos actuando, y creando historia.

No se olvide de este punto muy importante.

De hecho, esta generación nunca puede escapar de esto, porque todo el mundo tiene algún tipo de registro en el Internet, de un modo u otro. En esta generación, incluso si usted no lo sepa, usted está haciendo historia. Cien años a partir de ahora la gente tal vez leerá sobre usted. La cuestión es cuando abran su libro, ¿qué van a leer sobre usted? ¿Es algo alentador o perturbador?

Por favor, sepa por hecho que no es realmente acerca de cuánto tiempo vivió, se trata de lo bien que ha vivido. Uno de mis pastores favoritos se ha ido al cielo hace mucho tiempo. Él es Robert Murray M' Cheyne (1813-1843), quien supervisó una congregación en Dundee, Escocia.

Este hombre comenzó a pastorear de veintidós años de edad. Fue pastor sobre la congregación durante siete años, y murió a la edad de 29. Hasta el día de hoy, muchos seminarios aún están aprendiendo de sus sermones. Sus sermones han sobrevivido, y se convirtieron en sermones de legado. Así que, ¿está usted escribiendo o haciendo historia? ¿Está construyendo legados o monumentos? Los legados perduran, pero los monumentos colapsan después de algún tiempo, para no ser recordados de nuevo. Si usted está construyendo legados, entonces usted pertenece a este salón de la fama.

Sin embargo, sepa que todos los retos que enfrenta en la vida son parte de su historial de formación. Todos los problemas que ha enfrentado son para ayudarle a producir una buena reseña. Así que deje de quejarse y no envidie a nadie. Proverbios 22:29 nos hace una pregunta profunda y continúa con una revelación reflexiva:

"¿Has visto hombre solícito en su trabajo? Delante de los reyes estará; No estará delante de los de baja condición."

La diligencia en las actividades está anclada en y por la fe. Porque usted cree en el resultado, usted está dispuesto a poner mucho, con la expectativa de la recompensa o frutos. Cuando la Biblia habla de héroes de la fe, ¿qué piensa usted les estaba propulsando? Se les instó, fueron impulsados, se conmovieron por fe. Porque tenían fe en Dios, hicieron algo. No se puede tener fe, ver la luz y no hacer nada. *La fe es accionable*; la fe le dará la fuerza para hacer algo productivo. La Biblia dice en Hebreos 11:19 versión amplificada que Abraham:

"...considera [es razonable creer] que Dios fue capaz de levantar a Isaac aún de entre los muertos. [De hecho, en el sentido que él estaba dispuesto a sacrificar a Isaac en obediencia a Dios] Abraham lo recibe de nuevo [de la muerte] figuradamente hablando".

El punto aquí es que Abraham había tomado la decisión de sacrificar a Isaac porque sabía que Dios lo traería de vuelta a la vida, tenía fe. Su sacrificio fue obediencia a Dios. *"Por la fe bendijo Isaac a Jacob y a Esaú"* (vs 20), e instado por la fe, Jacob bendijo a sus hijos, (vs 21) por la fe José, cuando estaba a punto de morir habló de algo que no había visto. José vio por fe, con el ojo de la fe, sabía que Egipto no era su destino y que Dios les iba a sacar de Egipto. Por lo que dijo cuándo Dios te saque, lleva mis huesos, sácalos de Egipto y llévalos a la tierra prometida. ¿Cómo supo José eso? Este evento descrito se produjo cerca de 400 años más tarde. ¿Cómo sabía José? Fue por la fe. Esto nos enseña que como cristianos debemos vivir por fe. Eso significa que usted debe tomar actuar basado en la fe.

Tome medidas sobre su futuro basado en la fe, no basado en el sentimiento o una reacción a lo que se oye en las noticias. Tenga fe en Dios, antes de reaccionar, piense en Dios en primer lugar. Así que tome decisiones sobre su futuro basado en la fe, no basado en sentimientos, no sólo basado en lo que ve.

"Por la fe Moisés, cuando nació, fue escondido por sus padres por tres meses, porque le vieron niño hermoso "(Hebreos 11:23)

Cuando nació, su madre razonó que otros niños eran sólo niños, pero Moisés era un niño hermoso. Estaba dispuesta a asumir un riesgo, y se dijo: "Voy a ponerlo en una cesta, colocarlo en el río Nilo y dejarlo flotar". Mientras tanto, su hermana se puso a lo lejos para ver lo que le sucedería a él (Éxodo 2:3-4). Eso fue fe audaz en obrando. Creyendo que de alguna manera habría salvación para Moisés, hasta que milagrosamente la princesa de Egipto, encontró a Moisés. Así que por la fe le escondió. Desde el versículo 24 leemos:

"Por la fe Moisés, hecho ya grande, rehusó llamarse hijo de la hija de Faraón, escogiendo antes ser maltratado con el pueblo de Dios, que gozar de los deleites temporales del pecado" (Hebreos 11: 24-25).

¿qué nos enseña el versículo 25? Cuando un cristiano está luchando con el pecado, es una indicación de incredulidad. Cuando se pone una pierna en la iglesia y una pierna en el reino de la oscuridad, es incredulidad. Va a la iglesia hoy, y luego mañana va a ya sea el psíquico, o el médico nativo. O tal vez, envía una carta a la India para pedir encantos ser enviados a usted. Si usted está en ese momento en su vida, y usted está leyendo este libro, por favor, déjelo a un lado ahora; arrodíllese ante Dios en confesión y arrepentimiento y pida por su liberación. El quid de la cuestión aquí es que, si no puede confiar en Dios para ayudarle, y usted está poniendo su fe en los psíquicos, en la nigromancia, en médicos nativos, y en sacerdotes vudú para ayudarle entonces, necesita seria ayuda espiritual.

Que no sea que usted nombrado o numerado entre tales personas. Usted es un pastor; va y ve a un médico nativo para darle poderes especiales, ¿qué tipo de pastor es usted? Usted está dependiendo de la fuerza de la carne en busca de ayuda, y ay de los que lo hacen. En el momento que usted confía en sí mismo o en no creyentes, aflicción viene sobre usted. En el momento que usted confía en el hombre, desdicha viene sobre usted. Hay tres ayes que temer en la Biblia. Ay de los que confían en Egipto, lo que significa confianza en los no creyentes (Isaías 31: 1). Ay de los ponen carne por su brazo, que significa usted confianza en sí mismo, eso significa que tiene más fe en sí mismo y los demás que en Dios (Jeremías 17: 5). Usted ha traído juicio sobre sí mismo, y la Biblia dice *"Maldito el varón que confía en el hombre."* (Jeremías 17: 5). Eso significa que usted teme/o confía más en las personas que Dios. Usted necesita la ayuda de Dios.

Aprenda a confiar en el Señor que Él es fiel, y Él es capaz de hacer lo que ha prometido. ¿Se imagina lo que Noé tuvo que atravesar cuando se le dijo que construyera un arca? Durante cien años nunca vio lluvia sin embargo siguió construyendo el arca. Esa es la verdadera fe obrando. ¿No cree usted que mucha gente dirá, este tipo debe ser o bien necio o loco? Él está construyendo un arca y no hay agua donde ser remada.

Si realmente tiene fe en Dios, sea consistente. ¿Cómo sé que usted tiene fe? Su fidelidad en los buenos y en los malos tiempos es un gran indicador. Dios mantiene su compromiso con usted no importando su situación. Cuando pase por el agua o el fuego, Dios está allí con usted (Isaías 43: 2). Él es consistente; su fe también debe ser consistente.

Así que vemos aquí que Moisés decidió sufrir con los cristianos en lugar de gozar del pecado de Egipto. Eso fue fe en Dios. Vea, muchos de nosotros no entendemos un hecho importante, ¡eso es a lo que él renunció por permanecer con Dios! ¿Sabe usted que Moisés fue criado en la casa más poderosa del mundo en ese momento? Él tenía todo a su entera disposición, y sin embargo, lo dio todo lo a causa de su fe en Dios. Eso fue un precio pagado allí. Renunció al placer del palacio por las penurias de la vida en el gueto por así decirlo. Él se deshizo de su abundancia, riqueza, estatus y poder porque creía en Dios. La verdadera marca de un cristiano es ¿qué va a dar a cambio por su alma? Hay algunos cristianos que terminaron en la trampa que los incrédulos colocaron para ellos, ya que se dejaron llevar por las riquezas del mundo. Hay personas que dicen hoy en día Dios; tú puedes entrar en esta casa, esta habitación, esta sala, pero mi habitación de huéspedes y bar, ¡de ninguna manera! No Dios, eso me pertenece, y voy a hacer lo que quiera con ello. Eso no es fe. La fe es confiar en Dios, no importa qué. ¿Haría usted lo correcto, aunque le costara su trabajo? Si su jefe le dice que mienta, dirá que no, ¡soy cristiano, no mentiré! ¿Estás listo para perder su trabajo y decir la verdad como cristiano? Eso es fe. ¿Estás listo para perder su trabajo y decir la verdad como cristiano? Eso es fe. ¿Estás listo para perder su trabajo y decir la verdad como cristiano? Eso es fe.

Como un adolescente de dieciséis años y medio de edad, el rey en mi ciudad murió y TODOS los hombres en toda la ciudad recibieron el mandato de afeitarse el cabello. Era culturalmente obligatorio; cada hombre tenía que afeitarse porque el rey murió. Mis abuelos paternos y maternos, padre y tío; todos afeitados, pero yo me mantuve firme en negación a cortarme el pelo por el muerto. No le estoy diciendo la historia de otra persona; le estoy diciendo mi propia historia.

Hay cosas que hay que hacer como cristianos para ganar algo en el reino. Hay ciertas cosas que cuando las hace, el cielo le reconoce. A los dieciséis años y medio de edad, desafié a mi padre, y fue la única vez que lo desobedecí. Desafié a mi familia. Me negaba a afeitarme. Durante tres semanas, vestí una camisa y un pantalón, porque no podía acceder a mi maleta en la casa de mi padre. Me dijo que no podía tener dos amos en su casa. "Si no te vas a afeitar, sal de mi casa." No hay problema, yo preferiría servir a Dios que a los hombres, y dejé su casa ese día. Volví a la escuela y me quedé con un hermano.

La fe cristiana no es una broma, no vamos a la iglesia para jugar, y la iglesia no es un juego. Tiene que haber un momento en su vida cuando se verá obligado a tomar una posición, y cuando llegue ese momento oro por usted no decepcionar a Dios. Continuando con la historia, mi tío, que era un director, era muy respetado e intimidante a las personas en toda la ciudad y no se atreven a decir "no" a él. Él se sorprendió cuando yo dije que no. Luego se sentó, y comprendió que este niño debe saber algo que yo no sabía. Miré su cara en la sala de mi abuelo y le dije: "La Biblia dice que no debería cortar mi pelo por los muertos, y yo no voy a afeitar mi cabeza." Me miró y dijo "Está bien".

Dios tiene que traerlo a ese punto; al igual que Moisés. ¿Renunciaría usted a todo por causa de Jesús? La Iglesia Americana no sabe esto hoy. Hacemos lo que cada persona gusta. ¿Puede usted estar solo para Jesús? Eso es fe. Cuando mis amigos de secundaria se enteraron de mi historia, alentó y desafió a su fe. ¿Por qué le cuento mi historia? Es para percatarse del impacto de lo que hizo Moisés. Usted lo lee pero puede no pensar que fue la fe obrando, pero hasta que llegue a un punto en que su jefe diga, cambia las cifras en los libros o pierdes tu trabajo, ¿qué haría? Hay personas corruptas en todas partes, gente corrupta en África, Europa, Asia y América.

La semana pasada, un hombre nos contó que estaba enviando acero para el medio-oriente desde Estados Unidos. Ellos pusieron mitad acero, mitad arena y lo enviaron hasta que llegó a Medio Oriente. Así que hay gente corrupta en todas partes, pero ¿hará usted lo correcto? Por lo tanto, por la fe de Moisés se mantuvo firme. En los versículos 26 y 27 leemos:

"Teniendo por mayores riquezas el vituperio de Cristo que los tesoros de los egipcios; porque tenía puesta la mirada en el galardón. 27Por la fe dejó a Egipto, no temiendo la ira del rey; porque se sostuvo como viendo al Invisible."

Por fe dejó a Egipto. La fe es la palabra de Dios, y con la palabra puede ganar en cualquier lugar. Con la Biblia se puede ganar en Rusia, Johannesburgo, Lagos, Londres y Dallas. La Biblia es todo tipo de clima, en verano o invierno, la Biblia es la misma. El año pasado, la

Biblia era la misma. Hace mil años, la Biblia era la misma; mil años a partir de ahora la Biblia no cambiará. Manténgase en Dios, porque Dios no es hombre para que mienta, ni hijo de hombre para que se arrepienta. Me gusta este capítulo, ya que se trata de un equilibrio de la fe. En los versículos 29-30 leemos:

"Por la fe pasaron el Mar Rojo como por tierra seca; e intentando los egipcios hacer lo mismo, fueron ahogados. Por la fe cayeron los muros de Jericó después de rodearlos siete días."

El paso por el Mar Rojo es un símbolo de su ser lavado de sus pecados. Es decir sus pecados son lavados y es por eso que cuando se entra en el agua como en el bautismo, usted muere, y sus pecados son enterrados. Al salir del agua, ya ha sido lavado, usted es un hombre nuevo, una nueva creación, y es justificado como si nunca pecó. Usted es absuelto de culpa, con un corazón limpio, y si se muere de esa manera, usted irá al cielo. Va a ir al cielo por lo que Jesús hizo, no por lo que usted hizo. Eso es fe.

En segundo lugar, debe entrar a su tierra prometida. Sin embargo, hay muros de Jericó que querrán evitar que entre en su tierra prometida, por lo que hay que tener fe, marchar alrededor de los muros de Jericó y gritar a ellos hasta que colapsen. No patearlo, no luchar contra él, pero simplemente tiene que comandar que caiga. Pida a la tierra por fe, abrir y tragar toda oposición en su vida en nombre de Jesús. Cada fortaleza en su vida, tirela abajo por fe en el nombre de Jesús. Resista a todo y cualquier cosa que se oponga a su progreso, promoción, y productividad.

Cualquier cosa que trata de obstaculizar su progreso es un muro de Jericó. Entonces, ¿qué debe hacer? Debe creer en Dios para derribarlo hacia abajo. Dios hundirá toda oposición a su vida en nombre de Jesús. Dios hará que la tierra se abra y trague cualquier obstáculo para su progreso en el nombre de Jesús.

Ahora bien, este es mi favorito, en el versículo 31 leemos:

"Por la fe Rahab la ramera no pereció juntamente con los desobedientes. Habiendo recibido a los espías en paz." (Hebreos 11:31)

Impulsada por la fe, Rahab, la prostituta no fue destruida junto con otros porque recibió a los espías en paz. ¿Quién es Rahab? Vamos a ver quién era esta prostituta. En Josué 2:1-19, la Biblia nos revela la sabiduría de esta mujer en el manejo de los espías. Rahab les predica como si fuera un predicador. A pesar de ser una prostituta, ella creyó cada palabra que les declaró.

"Sé que Jehová os ha dado esta tierra; porque el temor de vosotros ha caído sobre nosotros, y todos los moradores del país ya han desmayado por causa de vosotros. Porque hemos oído que Jehová hizo secar las aguas del Mar Rojo delante de vosotros cuando salisteis de Egipto, y lo que habéis hecho a los dos reyes de los amorreos que estaban al otro lado del Jordán, a Sehón y a Og, a los cuales habéis destruido. Oyendo esto, ha desmayado nuestro corazón; ni ha quedado más aliento en hombre alguno por causa de vosotros, porque Jehová vuestro Dios es Dios arriba en los cielos y abajo en la tierra. Os ruego pues, ahora, que me juréis por Jehová, que como he hecho misericordia con vosotros, así la haréis vosotros con la casa de mi padre, de lo cual me daréis una señal segura." (Josué 2: 9-12)

En pocas palabras, hemos oído hablar de lo que su Dios hizo, su Dios les llevó a través del Mar Rojo, y ayudó a la conquista de los reyes de los amorreos. Al oír esto, ha desmayado nuestro corazón en nosotros. *"porque Jehová vuestro Dios es Dios arriba en los cielos y abajo en la tierra."*

¿Por qué es que no tenemos miedo de Dios, pero los incrédulos sí? Dios se ha convertido en el que tratamos casualmente, y Él se ha convertido en nuestro compañero. Pero aquí es una prostituta, que ejerció su fe y agradó a Dios.

"Pero sin fe es imposible agradar a Dios; porque es necesario que el que se acerca a Dios crea que le hay, y que es galardonador de los que le buscan" (Hebreos 11: 6)

Aquí estaba una mujer, una prostituta, ella tuvo fe en Dios, y debido a su fe, ella estaba dispuesta a desafiar a su rey. Por ese acto singular, el cielo marcó a Rahab, una gentil, y ella fue trasformada al linaje de Jesús. Esto es muy importante, tenemos que entender los caminos de Dios, y como Dios opera. Había dos gentiles que nunca debieron haber entrado en el linaje de Jesús. Estas fueron Rahab y Rut. Por cierto están en la misma línea, porque Rahab era la madre de Booz, y Booz se casó con Rut, que también era una gentil que entró en el linaje de Jesús.

Tenemos que entender los principios de Dios. Así que Rahab era una prostituta y una gentil, pero porque tenía fe en Dios, colgó el cordón de grana, como se le instruyó, como señal de su seguridad

"He aquí, cuando nosotros entremos en la tierra, tú atarás este cordón de grana a la ventana por la cual nos descolgaste; y reunirás en tu casa a tu padre y a tu madre, a tus hermanos y a toda la familia de tu padre." (Josué 2:18)

El hilo escarlata representa la sangre de Jesús. El escarlata es de color rojo oscuro, por lo que el rojo escarlata simbólicamente estaba hablando acerca de la sangre de Jesús, por tanto, lo que los espías estaban diciendo a la dama era, cuando volvamos para destruir la ciudad de Jericó, cuando veamos la sangre pasaremos de vosotros. En verdad cuando baja al capítulo seis, se verá que cuando ellos vinieron, y los muros de Jericó se hundieron el hilo de grana ya estaba colgado allí. De hecho, dijo Josué, ustedes dos espías vayan a buscar rápidamente Rahab y su familia donde quiera que este el hilo escarlata y llevarlos al campamento de Israel.

Eso es lo que ocurrió, cuando los muros de Jericó cayeron, los dos espías entraron, recogieron a Rahab y su familia, y los trajeron dentro del campo de Israel, pero Dios no había terminado aún. Dios dijo a Rahab,

LA EXCELENCIA DE LA FE

porque me creíste, no sólo te salvaré, pero te moveré al linaje del Señor Jesucristo. Y Rahab se convirtió en la madre de Booz, y Booz se casó con Rut, que también era un gentil.

Ahora déjame mostrarle una tercera gentil. Recuerda la mujer que dijo, Jesús sana a mi hija, y Jesús dijo, No está bien tomar el pan de los hijos, y echarlo a los perrillos y ella dijo: Sí, Señor; pero aun los perrillos comen de las migajas que caen de la mesa de sus amos. Yo oro por que usted tenga fe en Dios, ser desesperado a desafiar a todo el mundo y presionar para obtener lo que le pertenece a usted. Esa mujer era una gentil, legalmente no calificó, pero porque ella creyó en Jesús, ella entró, y Jesús dijo: *"Oh mujer, grande es tu fe"*. (Mateo 15:28). La fe es la clave, y es por eso que estamos aprendiendo sobre los héroes de la fe. En vs 32 al 40:

"¿Y qué más digo? Porque el tiempo me faltaría contando de Gedeón, de Barac, de Sansón, de Jefté, de David, así como de Samuel y de los profetas; que por fe conquistaron reinos, hicieron justicia, alcanzaron promesas, taparon bocas de leones, apagaron fuegos impetuosos. Evitaron filo de espada, sacaron fuerzas de debilidad, se hicieron fuertes en batallas, pusieron en fuga ejércitos extranjeros. Las mujeres recibieron sus muertos mediante resurrección; mas otros fueron atormentados, no aceptando el rescate, a fin de obtener mejor resurrección. Otros experimentaron vituperios y azotes, y a más de esto prisiones y cárceles. Fueron apedreados, aserrados, puestos a prueba, muertos a filo de espada; anduvieron de acá para allá cubiertos de pieles de ovejas y de cabras, pobres, angustiados, maltratados; de los cuales el mundo no era digno; errando por los desiertos, por los montes, por las cuevas y por las cavernas de la tierra. Y todos estos, aunque alcanzaron buen testimonio mediante la fe, no recibieron lo prometido; proveyendo Dios alguna cosa mejor para nosotros, para que no fuesen ellos perfeccionados aparte de nosotros."

Este capítulo no se terminó porque usted pertenece a este libro, y hasta que su parte esté escrita no puede ser completado. Esta es la razón por la que algunos de ellos, a pesar de que ellos creían, no lo recibieron. ¿Qué significa eso? Esto no quiere decir que sólo porque no obtuvo lo que pedía a Dios, usted no tiene fe. Si usted ha oído eso, eso no es siempre cierto. Por el hecho de usted creer lo que no ha visto, Dios está contento con usted.

Antes del nacimiento de Isaac, Dios ya estaba contento con Abraham, porque Abraham ya creía. Esa es la razón Romanos 4, nos dice que Abraham no dudó en la fe, por lo que a la edad de 100 años, Isaac vino.

Hay un hombre de Dios que oró por años para que un pariente naciera de nuevo. Creo que durante veintiséis años, el pariente nunca nació de nuevo, y la persona murió, pero en su funeral, ese pariente fue nacido de nuevo, ¿significa eso que él no tenía fe? Tenía fe, él no vivió para verlo, pero ese pariente consiguió nacer de nuevo en el día de su funeral.

Así que sólo porque, al igual que algunas de estas personas no recibieron como a su voluntad, esto no significa que no tienen fe. La Biblia dice que sin nosotros ellos no serán perfeccionados; pertenecemos a la compañía de estos héroes de la fe. Usted es un héroe, porque cada uno de nosotros se enfrenta a los retos de la vida. ¿Hay alguien que no tiene que luchar batallas? Aun no encuentro a alguien. Todos nos enfrentamos a una batalla de vida o en otra, pero déjeme le animo, hay batallas que luchar porque tiene fe. La prueba de que Dios ha puesto algo en usted se revela en las batallas que lucha.

Todo es parte del diseño. La fe que Dios ha puesto en usted debe producir algo, por ejemplo, Moisés estaba destinado a hacer algo, así que Dios tuvo que poner el faraón frente a él. Dios tuvo que poner el Mar Rojo en la agenda de los hijos de Israel para cruzar. José estaba destinado al trono; Dios tuvo que poner sus hermanos, el pozo, la mujer de Putifar, y la prisión en su camino para prepararlo, antes de llegar al palacio. David tuvo que matar a su león, oso, y Goliat para llegar al trono. Los desafíos vienen a promovernos, y vienen a causa de nuestra promoción al siguiente nivel. Así que si usted está frente a un desafío, no tenga miedo. Siga el consejo de Dios en Santiago 4:7 y vencerá:

> *"Someteos, pues, a Dios; resistid al diablo,*
> *y huirá de vosotros ".* Esto es bien.

CAPÍTULO 7

Tipos y Niveles de Fe

La fe cristiana que observamos es gloriosa. No somos ni sólo uno de muchos, ni somos una alternativa, lo somos todo. No hay nada en este mundo que se puede comparar con el Dios que hizo los cielos y la tierra. En Juan 17:3, el Señor Jesús dijo:

"Y ésta es la vida eterna: que te conozcan a ti, el único Dios verdadero, y a Jesucristo, a quien has enviado."

El único Dios verdadero es el Dios que envió a Jesús. Cualquier Dios que no tiene nada que ver con Jesús es uno falso.

Por lo que nunca debe estar confundido acerca de lo que usted es. Debe tener confianza en su Dios, y dejar que los demás sepan que usted es un cristiano. Creo en Jesús, sé que está de mi lado, y por lo tanto no oculto el hecho de que Él es mi Señor y Salvador. Dios no cambia y nunca lo hará. No importa los desafíos por los que está pasando, no son más grandes que Dios, tampoco le perturbarían o pondrían bajo el estrés de no saber qué hacer. He cruzado una gran cantidad de valles y escalado muchas montañas también. En el medio de todo esto, ¡he visto a Dios milagrosamente disolverlos todos en Su tiempo!

Incluso entonces he estado en desafíos donde dudo de mi fe, aun como pastor. El hecho de que usted tenga fe no significa que no será desafiado. En realidad, la autenticidad de su fe se demuestra por el hecho de que su fe sería desafiada. Si usted no tiene la unción, el diablo le dejará solo. El hecho de usted estar ungido es la razón por la que lucha batallas. Desde que me convertí en pastor, he creído a Dios por gracia; He peleado más batallas en trece a catorce años que en veinticinco años de ser cristiano. Las batallas que he luchado dentro de este período son increíblemente verdaderas y muy reales.

Mi experiencia me dejó con dos cosas. Uno, crecí de un nivel de fe a otro. Mi fe y convicciones se agudizaron a medida que pasaba a través de aquellos tiempos debilitantes. Esto me atrajo más cerca de Dios en confianza y obediencia, y agudizó mi fe e inspiró la audacia de tomar partido por Dios quien me sostuvo a través del fuego y de las aguas. Dos, se abrieron mi corazón y mis ojos al hecho de que debía tener algo en mí, por lo cual el diablo estaba detrás; si yo no representaba algún peligro, el diablo me hubiera dejado solo desde entonces.

Permítame hacerle saber que si usted no tiene problemas en su vida, quiere decir que usted no es peligroso para el diablo. Es por eso que su fe no debe moverse, cualquier signo de que su fe está quebrantándose es una señal de alerta para el diablo que usted es insignificante. Su fe debe ser sólida como la de Abraham, quien dice la Biblia; no dudó en la fe. Es probable que se burlaban de él, diciendo: "¡viejo! ¿Estás creyendo a Dios por un hijo? ¿Dejaste la idolatría y quieres seguir a Dios? ¿Y qué has conseguido ahora? Por cierto, ¿A qué Dios sigues? ¿El Dios que no puedes ver?"

Es importante en este momento examinar los diferentes tipos de fe con el propósito de claridad. Comencemos por ejemplo, con una fe débil.

1. La fe débil

Con el fin de entender lo que es la fe débil, usted necesita empezar por imaginar la experiencia de Abraham cuando se encontró con Dios. Él era un adorador de ídolos, que tuvo que partir después de conocer al verdadero Dios. Era fuerte en sus convicciones y no era débil en la fe eso fue la razón por la que no tambaleó en la fe. Es importante en este momento hacerle saber que hay dos tipos de fe débil. Romanos 14:1 nos revela el primero:

"Recibid al débil en la fe, pero no para contender sobre opiniones."

Esta categoría se trata de un cristiano bebé/joven. Así que cuando alguien es joven en la fe, es débil en la fe y eso no quiere decir que es una persona débil. Sólo significa que es inmaduro, que no sabe mucho acerca de Dios. No ha luchado algunas batallas todavía. Como un bebé Cristiano Dios no le dará los huesos a masticar, porque está en la etapa de la leche, pero usted no seguirá siendo un cristiano en etapa de lactancia en el nombre de Jesús. AMÉN.

La segunda categoría es el tipo de cristiano que se niega a crecer en la fe, al pasar de la etapa de lactancia a la etapa de carne. El problema obvio en la iglesia de hoy es que, al Dios tratar de mover a los cristianos lactantes de la leche a la etapa de carne, ellos luchan contra ello y se quejan con amargura. Ellos no quieren comer carne, mas siguen llorando por más leche. Sin embargo, debido a que han pasado la etapa de lactancia, ya esta no puede sostenerlos. Les guste o no deben crecer o de lo contrario ¡el desastre está llamando a sus puertas!

Debe prepararse para las exigencias de la fe; ¡hay montañas que escalar y valles que cruzar! No importa las batallas que está luchando; Dios puede librarle. Es por eso que en la iglesia debemos tener cuidado de no matar a nuestros heridos. Si un hermano o hermana tiene un problema, no se burle de él, y no se ría de ella. Ese no es su deber, eso no es gracia y no es el amor de Jesús tampoco. Si una hermana es débil en la fe, no la ridiculice. No la mate. Al menos, aun va a la iglesia, simplemente ore por ella. ¡Tampoco se dé por vencido en otros! ¿Sabe por qué? La Biblia dice:

"No quebrará la caña cascada, ni apagará el pábilo que humeare; por medio de la verdad traerá justicia." (Isaías 42:3).

El más débil cristiano es más importante para Dios que el incrédulo más fuerte. Permítanme repetir, el más débil cristiano es más peligroso para el diablo que el incrédulo. Al menos, él o ella es un cristiano, y está en la fe, y cree en Jesús. Si usted cree en Jesús, no me importa cualquiera que sea el reto que puede estar enfrentando ahora porque está destinado a ganar en nombre de Jesús, ¡Amén! Por lo tanto, no deje que el diablo se ría de usted, diciéndole, "pensé que te denominabas un cristiano", Diga al diablo: "¡Cierra la boca! ¡Calle al diablo y échelo fuera de su espacio espiritual"

Pero, ¿qué se supone debemos hacer en la iglesia? Hemos de recibir cristianos débiles; no estamos para matarlos o destruirlos. Se supone debemos ayudarles. Tenemos que ayudarnos unos a otros es por eso que la Biblia dice en Santiago 5:16: *"Confesaos vuestras ofensas unos a otros, y orad unos por otros, para que seáis sanados."*

Debe ser que si alguno de nosotros está luchando en la iglesia, aquellos de nosotros que son más fuertes, son las personas para ayudarles. Por lo tanto, eso es lo que se espera que hagamos, para aquellos que son débiles, que son inmaduros, y que pudieran estar luchando en su fe. Así, en pocas palabras la fe débil se define en la vida de:

    i.   Un cristiano inmaduro,
    ii. Un cristiano que duda de la palabra de Dios, y cree en circunstancias en lugar de en la Biblia.
    iii. Un cristiano que cree las palabras de los hombres más que la palabra de Dios (Biblia).

Cuando usted cree las palabras del hombre más que la Biblia, entonces usted es débil en la fe. Por el contrario, examinemos ahora una fuerte fe.

2. La fe fuerte

En Romanos 4:19, la Biblia usa esta palabra de nuevo, que Abraham *"no se debilitó en la fe al considerar su cuerpo, que estaba ya como*

muerto (siendo de casi cien años), o la esterilidad de la matriz de Sara".

¿Qué significa eso? En este caso, significa que Abraham no perdió la confianza en lo que Dios le dijo. Él se aferró a la palabra de Dios. Somos débiles en la fe en cualquier momento que dudamos de la biblia. Le puedo decir esto, la Biblia nunca puede fallar. Estas escrituras no pueden fallar. Sé que va a decir: "Pastor, esa persona tenía cáncer, oraron y la persona murió." Sí, es cierto, murió, pero eso no disminuye la potencia de la palabra de Dios. Las escrituras no pueden fallar. Aquí es donde el diablo desordena a los cristianos. Utilizamos nuestra experiencia para tratar de definir o explicar la biblia. Ese es el enfoque equivocado. Dele la vuelta. Debemos superponer la verdad, la veracidad y la infalibilidad de la biblia en nuestras experiencias. Debe elegir creer en la biblia más de lo que está experimentando. Debe sacudir la enfermedad de su cuerpo. Sigua diciéndose, *"Por sus llagas, soy curado"*. Podría experimentar dolores, no importa, continúe repitiendo lo que la Biblia dice. ¡Muy pronto verá el resultado de su confesión!

Antes de que naciera, existía la Biblia. La gente la ha creído. Durante miles de años, los hombres y las mujeres han creído en la Biblia y Dios ha respondido sus oraciones. También está usted calificado en Cristo para obtener resultados en su situación. Esta Biblia no puede cambiar. Si funcionó para Pedro, funcionará para para Juan.

El Juan que comparto con usted escribió el Evangelio de Juan, escribió las epístolas de Juan, escribió el libro de Apocalipsis. ¿Sabe usted quién fue ese Juan? ¿Sabe usted que ese Juan fue puesto en aceite hirviendo, y no murió? Esto es historia; no está en su Biblia. Es el relato histórico de Juan el divino, Juan el más joven de los discípulos. Juan, el discípulo que Jesús amaba, fue el último en morir porque no había llegado el momento de que muriera. Escribió el libro de Apocalipsis, por lo que lo pusieron en aceite hirviendo y no murió. Ellos se sorprendieron; dijeron este hombre es peligroso, este no es un ser humano ordinario. Así que lo desterraron a la isla de Patmos. Fue en la isla de Patmos que dijo:

"Yo estaba en el Espíritu en el día del Señor..." (Ap. 1:10),

Él vio al Señor y recibió el libro de Apocalipsis en la isla de Patmos. Hermanos, servimos a un Dios vivo. Así que no sea débil en la fe, no importa lo que su experiencia le esté diciendo. Crea en la Biblia y léela todos los días. Funciona, esta escritura es cierta. Los hombres van a cambiar, pero la biblia no cambiará. Las profecías todas se han cumplido. Prácticamente todas, tal vez la única profecía que no se ha cumplido es que todo hombre en la tierra escuchará el evangelio.

¿Cómo puede su fe ser fuerte?

a) **Debe basarse en lo que está escrito o hablado por Dios.** Así que cuando usted esté en una situación, sus finanzas, salud, matrimonio, trabajo, y tareas estén bajo amenaza significativa, es hora de ir de nuevo a la Biblia y averiguar ¿qué la Biblia tiene que decir sobre el éxito, prosperidad, salud, matrimonio y vida en general? ¿Qué dice la Biblia acerca de mi protección? que el Dios eterno es mi refugio, y debajo de mí están sus brazos eternos (Deuteronomio 33:27). Así que cada vez que vuele, recuerde que la Biblia dice, el Dios eterno, eso significa el Dios que ha sido, que era, que es y que ha de venir, que no tiene principio, el Dios eterno, Él es mi/su refugio, no el piloto, sino, el Dios eterno. La biblia dice que debajo de mí/usted están sus brazos eternos. <u>Así que debe estar escrito para poder yo ser fuerte en la fe.</u>

b) **Debe creerlo.** Dios es tan bueno como su palabra. Cuando duda de la biblia, usted duda de Dios. Usted no es diferente de lo que dice. Usted es su palabra; usted es tan bueno como su palabra. Dios es tan bueno como la Biblia, es por eso que la Biblia dice, *has engrandecido tu nombre, y tu palabra sobre todas las cosas. (Salmo 138: 2).* Eso significa que la Biblia tendrá que fallar antes de que Dios falle. Dios tiene respeto a lo que ha dicho, e hizo un pacto con nosotros diciendo:

"No olvidaré mi pacto, ni mudaré lo que ha salido de mis labios." (Salmo 89:34).

Es por eso que debo creer lo que Dios dijo. Por ejemplo, le dijo a Abraham: *"...Te he puesto por padre de muchedumbre de gentes."* (Génesis 17:5). Entonces, ¿cómo puedes estar diciendo que no tienes hijos? Él creyó a Dios quien aceleró la muerta y llama a las cosas que no son como si fuesen. Abrahán:

"creyó en esperanza contra esperanza, para llegar a ser padre de muchas gentes, conforme a lo que se le había dicho: Así será tu descendencia." (Romanos 4:18)

Por creer en la palabra de Dios él no tambaleó en la fe. Me gusta mucho este versículo porque se trata de una palabra descriptiva, y yo la figuro debido a que muchos de nosotros en la iglesia tambaleamos demasiado en la fe. El día que está satisfecho, viene a la iglesia. El día que no está satisfecho se sienta en casa. El día que Dios le bendice, usted bendice a Dios, el día en que no, usted no le bendice. El día que recibe una promoción, tiene un testimonio para compartir. ¿Por qué no podemos ser como Abraham, que llueva, o relampaguee, había decidido seguir a Dios? Debemos estar firmemente decididos también como Abraham a seguir a Jesús sin vacilar. Abraham no tambaleó/vaciló en la fe. *Usted no es peligroso para el reino de satanás, hasta que usted es inamovible.* Usted tiene que ser inamovible con el fin de hacer frente a las artimañas del diablo. Usted es el mejor de sí mismo, nadie antes, nadie después de usted. No trate de ser como los demás, esté orgulloso de ser un cristiano. No tambalee en la promesa de Dios. Deje que ellos hagan ruido, deje que se rían, pero no se mueva, él no dudó en la promesa, la promesa hablada, la promesa escrita, la promesa hablada por Dios, sino que fue fuerte en la fe.

Esa debería ser la respuesta, la prueba de que Abraham fue fuerte en la fe, se esconde en esas pocas palabras. *Él comenzó a alabar a Dios; comenzó a dar gloria a Dios.* Cada vez que usted esté pidiendo algo a Dios, por todo lo que usted desea, cuando ore, crea, que recibe, y lo tendrá (Marcos 11:24) En un cierto domingo, yo quería danzar a la canción "Shackles" de Mary Mary, pero mi corazón estaba diciendo que

Dios no había hecho el milagro todavía. Así que quería danzar, pero mi carne me dijo ¿por qué estás danzando? Pero el Espíritu Santo dijo: "¿Puedes imaginar cuando esté hecho, ¿qué harás?" Ah, dije: "Cuando Dios lo haga; declararé el domingo de alabanza, por lo que Dios dijo "Alábame ahora".

Déjame hacer una pregunta. ¿Cómo va a alabar a Dios, si Él hace algo espectacular en su vida? Así es como se le debe alabar ahora y siempre. Eso es lo que hizo Abraham. Esa fue la clave y prueba de que él creyó a Dios. Dio gloria a Dios, y él no tambaleó a la promesa. Él no estaba mirando en su experiencia, creyó la palabra hablada, y creyó la palabra escrita. Ni el hecho de él no tener hijo, ni el hecho de que Sarah no le había dado a un bebé le molestaba – estos no le movían.

3. Poca fe sucede cuando usted está ansioso, tímido, temeroso o preocupado - Mateo 8:26. Un cristiano debe tener la habilidad de confiar en Jesús y Jesús solamente. Yo he sido abandonado, he sido dejado solo, y todos lo hemos enfrentado. Habrá tiempos en su vida; que tendrá que estar solo. No se preocupe por el mañana, Dios cuidará de usted. La Escritura nos exhorta *"Por nada estéis afanosos, sino sean conocidas vuestras peticiones delante de Dios en toda oración y ruego, con acción de gracias"* - Filipenses 4: 6.

4. Gran Fe

¿Sabe que antes de proponerme a la Pastora Anne, ella me sorprendió al actuar en fe? Ella dirigió una tarjeta a alguien, y puso mi nombre. Así que le dije: "Hermana, ¿qué si nunca me le hubiese propuesto?" Pero sabe, a pesar de eso ella creyó que yo era su esposo. Ella tenía suficiente fe para verlo suceder, y el resto es historia. Que haya escrito mi nombre en la tarjeta, todavía me sorprende. Eso era parte de las cosas que consideré. Esta mujer que pudo creer a Dios y se sostuvo en Dios, durante dos años, con la idea de este hombre es mi esposo, es auténtica y real.

En Mateo 8:5-10 y 15:22-28 vemos que el Señor Jesús se refiere a dos personas, dijo que no había hallado tanta fe en Israel. Él estaba hablando, respectivamente, sobre el Centurión y la mujer cananea. **Gran fe** y sin embargo, eran gentiles, ¿cuál fue la clave? Ellos creían a Jesús. Uno de los problemas de los cristianos es que nos hacemos demasiado religiosos. Creemos que conocemos a Dios, sin embargo, en lugar de mirar en Jesús, nos fijamos en nuestra cuenta bancaria, y concluimos que Dios no puede hacerlo ¿Quién se lo dijo? Dios puede bendecirle, no importando su cuenta bancaria.

Esta es una razón por la que cuando se va a las cruzadas, algunos incrédulos son sanados, aun siendo nacidos de nuevo los cristianos no obtienen nada. Los incrédulos se sanan, ¿sabe por qué? No es religión, ellos solo creen cuando el predicador dice Jesús puede sanarte. Ellos creen y reciben su curación. Ese fue el secreto de la cananea. Había oído hablar de Jesús, su hija estaba enferma, y ella se acercó a Jesús desesperada por conseguir la curación de su hija. ¿Está usted lo suficientemente desesperado?

La Biblia nos dice, a pesar de su desesperación, Jesús le contestó que no. Los discípulos le dijeron: Maestro *"...despídela, pues da voces tras nosotros."* (Mateo 15:23) No se preocupe por los detractores que dicen que no venga a Jesús. Déjelos solos. Jesús no respondió a los discípulos, ¿cuál es su asunto? Pero ella era persistente y gritó más fuerte. Entonces ella vino y se postró ante él diciendo: *"Señor, socórreme"* (v25). Entonces el Señor dijo esto no es para perrillos, pero para los hijos y, en respuesta, ella hizo una declaración profunda.

"Y ella dijo: Sí, Señor; pero aun los perrillos comen de las migajas que caen de la mesa de sus amos." (Mateo 15:27)

Su palabra de desesperación divinamente elaborada, y envuelta y entregada con sabiduría fue la prueba de que ella creyó a Dios. No estoy pidiendo para la hogaza de pan principal; las migajas son suficientes para los perrillos. Soy lo suficientemente humilde como para conformarme con las migajas, Señor. Sólo una palabra dicha en fe cambió la historia de su hija, y la de ella para bien. Jesús no pudo ocultar su sorpresa y le dijo: *"... Oh mujer, grande es tu fe; hágase contigo como quieres. Y su hija fue sanada desde aquella hora."* (Mateo 15:28)

¿Usted cree que una palabra es suficiente para salvarle? No necesita varios días o meses de ayuno y oración. Ella creyó en Jesús es por eso que él le dijo, grande es tu fe.

En el caso del Centurión, después que él le dijo a Jesús que su criado estaba enfermo, Jesús respondió con la promesa de venir y curarlo. En Mateo 8:8 leemos:

"Respondió el centurión y dijo: Señor, no soy digno de que entres bajo mi techo; solamente di la palabra, y mi criado sanará."

No soy digno de tal trato, que debas venir a mi casa, solo di la palabra (la palabra de fe) y mi criado sanará porque yo soy hombre bajo autoridad. Un punto importante a tener en cuenta sobre ambos fue que se acercaron y recibieron sus milagros en la plataforma de la humildad. Se humillaron y el cielo se movió en su nombre.

La palabra de Dios se adelantó en ambos casos y sus seres queridos enfermos fueron curados. Jesús nunca tocó físicamente cualquiera de ellos, la palabra de Dios se apresuró para llevarlo a cabo (Jeremías 1:12). La palabra de Dios lleva el poder de hacer lo que desee que esta haga, si lo puede creer (Marcos 9:23).

Por ejemplo, hace muchos años en mi secundaria, el Presidente del grupo cristiano, era a la vez el Prefecto Social. La escuela en ese momento quería organizar una discoteca, y como el Prefecto Social su participación era requerida. Le dijeron sabemos que eres un cristiano, y que no vas a apoyar esto, ¿quieres que tengamos esta fiesta? Él dijo que no, no la tendrán. Ellos dijeron que no, la tendremos.

Así desafiando su autoridad, ellos invitaron a todas las escuelas de internados femeninos y mixtos en la ciudad, y planearon una gran fiesta. Yo estuve ahí. Sábado por la noche, la música estaba en auge, los estudiantes esperaron y esperaron y esperaron, ninguna de esas chicas apareció. ¿Sabe por qué? Fue debido a que un hijo de Dios que estaba en la posición de autoridad, y que tenía el derecho de aprobarla, se negó en base a la verdad. Que nadie se presentara no era normal porque mi escuela era una escuela muy prestigiosa, y cada estudiante quería ser parte de lo que estaba ocurriendo allí. Todas las otras veces que habíamos invitado a las señoritas ellas vinieron, y teníamos fiestas entre las escuelas, pero en ese día, ninguna de las escuelas apareció. Es por ello que hay que creer, porque hay poder en la palabra de Dios en su boca.

5. Fe semilla de mostaza

En Mateo 17:20 el Señor reveló el hecho de que incluso una fe tamaño de la semilla de mostaza movería la montaña, si creemos. La fe tiene que ser algo que es vivo y eficaz, aunque invisible. Fe de la semilla de mostaza no es sólo en sentido figurado una fe pequeña o poca, pero una VIVA. La fe es confianza en Dios, incluso si es sólo un poco de confianza que usted tiene, el Señor dice: *"Si tuvierais fe como un grano de mostaza, podríais decir a este sicómoro: Desarráigate, y plántate en el mar; y os obedecería."* (Lucas 17:6). Así que hay fe semilla de mostaza.

6. Fe y para Fe

Su fe no tiene que ser grande, pero hay que hacerla ejercer, y crecer, y es por eso que leemos en Romanos 1:17 que se revela por fe y para fe.

Hay niveles de fe, y usted debe crecer en la fe, confianza, y en su seguridad de que Dios es capaz. Como cristiano, la única manera de vivir es vivir por fe. Debemos vivir por fe continuamente y no sólo para un período de tiempo breve conveniente. Por ejemplo, en 2001, cuando el World Trade Center cayó, muchas personas fueron a la iglesia el domingo siguiente, y tres semanas más tarde, volvieron a la normalidad y dejaron de ir a la iglesia. El miedo les llevó a la iglesia en el primer lugar. No fueron porque habían conocido a Dios; sólo iban a la iglesia por miedo a la muerte eso es todo. Pero la Biblia está diciendo que el justo vivirá por la fe todos los días de su vida, no sólo para unos pocos días o meses.

Usted debe vivir por fe para el resto de su vida. La justicia de Dios se revela en el hecho de que crecemos de fe para fe. Su fe este año debe ser más de la que tenía el año pasado, el próximo año, deje que su fe crezca más fuerte, que es la voluntad de Dios, y que es la justicia de Dios.

CAPÍTULO 8

Obstáculos a la Fe

Asimismo, en este estudio quiero que examinemos los obstáculos a la fe. La Biblia habla acerca de la fe débil, la fe fuerte y la poca fe (Mateo 6:30; 8:26). Entonces, ¿qué es poca fe? Es cuando usted permite que la ansiedad y la preocupación le controlen. Estas son en sí mismas obstáculos para la fe. Otros incluyen, la duda, incredulidad, desánimo y tratar de razonar a Dios y así sucesivamente. Todos ellos serán examinados en este capítulo más adelante.

Como seres humanos, todos nos enfrentamos a retos que nos causan ser ansiosos. La razón es que cuando usted está confundido por la preocupación, no se puede ejercer la fe. Permítame compartir con usted un poema o una canción del ¿Por qué preocuparse?

¿Por qué preocuparse, cuando se puede orar?
Dígalo a Jesús
Y Él dirigirá el camino
No sea un Tomás incrédulo
Simplemente apóyese en Su promesa
¿Por qué preocuparse?
Cuando se puede orar.

1. Miedo y Preocupación

¿Cuáles son los obstáculos para la fe? ¿Cuáles son las cosas que debemos luchar? La fe no existe en el vacío, o bien tiene fe o tiene lo contrario de la fe, que es el miedo. La fe se ve obstaculizada por el miedo. Por eso es necesario comprender que el miedo es un espíritu, por lo que no lo entretenga. No dé lugar al miedo en su vida. No dé lugar a la necedad ya sea por hacer algo tan peligroso como entrar en la jaula de un león y creer que está actuando en la fe. Hacer eso sería tentar a Dios. Así que cuando llegue el miedo, tome de la palabra de Dios dentro de usted, y proclámelo.

A veces sucede a todos nosotros, cuando siente dolor y la siguiente cosa que el diablo le dice, es que se trata de un ataque al corazón. Pero hay que resistirse a él para mantener su victoria (Santiago 4:7). Dígale diablo, no hay ataque al corazón en mi cuerpo, soy sanado en el nombre de Jesús. No dé lugar al diablo a través del miedo; impedirá su fe, si usted lo permite.

No se preocupe tampoco, porque el ochenta y cinco por ciento de lo que nos preocupa o causa miedo nunca sucede según las estadísticas humanas. Es por eso que la Biblia llama al diablo león rugiente. El diablo no es un león, pero él es como un león rugiente (1 Pedro 5:8). Ruge que usted va a perder su trabajo, y casa. El diablo es un mentiroso. Su Salvador es el verdadero león. Así que no deje a la ansiedad arruinar su vida. Poca fe significa ansiedad y preocupación. También significa que usted es tímido o temeroso; un cristiano nunca debe ser tímido. En 2 Timoteo 1:7 leemos que:

"Porque no nos ha dado Dios espíritu de cobardía, sino de poder, de amor y de dominio propio."

2. La duda

La duda es también un arma sutil que utiliza el diablo. Lo usó sobre Eva en Génesis 3: 1: *"... dijo a la mujer: ¿Conque Dios os ha dicho: No comáis de todo árbol del huerto?"*

¿Dios os ha dicho: No se debe comer de todos los árboles del jardín? Usted sabe que la pregunta era muy peligrosa. ¿Realmente Dios lo dijo?

La pregunta era para sembrar o crear dudas en Eva, y ella cayó de cabeza por ella. Si no está seguro acerca de lo que sabe, el diablo va a crear dudas en usted, y la duda es el resultado de poca fe.

Por ejemplo, cuando se encontraron con una tormenta de viento, temieron y despertaron a Jesús de su sueño. Él se levantó y reprendió al viento y dijo al mar: *"Calla, enmudece"* El viento cesó y hubo una gran calma (Marcos 4:39). Y en el versículo 40 *"... les dijo: ¿Por qué estáis así amedrentados? ¿Cómo no tenéis fe?"* ¿Por qué tienen miedo, no saben que estoy aquí? han visto otras cosas que he hecho, ¿por qué son de poca fe? ¿Por qué están dudosos?

Es por esto que hay que creer la palabra de Dios, y dejar de escuchar el consejo no bíblico de sus amigos no creyentes. Si usted tiene un amigo que no hace honor a la palabra de Dios, por favor no discuta de sus problemas personales con él o ella. Si lo hace, van a atenuar su fe, crear dudas en su corazón, y hacerle perder su posición en Cristo. Crea en la palabra de Dios.

3. Incredulidad y Desánimo son algunos de los obstáculos más grandes que todos enfrentamos, pero la diferencia está en el conocimiento de la palabra que poseemos.

No se desanime; siga confiando y continuando y vencerá. El hombre que descubrió la electricidad/ bombillos de luz falló 999 veces, el hombre Edison, probó la 1000ª vez y consiguió la corriente eléctrica. No se desanime, no importa qué, porque se necesita valor para poseer su posesión. Cada creyente necesita valor, si no tiene valor, no puede defender su posición, y si usted no tiene valor, no puede tomar lo que le pertenece. Por eso, en Josué 1:9 Dios le dijo a Josué:

"Mira que te mando que te esfuerces y seas valiente; no temas ni desmayes, porque Jehová tu Dios estará contigo en dondequiera que vayas."

Es necesario coraje con el fin de resistir al diablo porque él se opondrá a su promoción, y su intento de entrar en su tierra prometida.

Amado, salir de Egipto es más fácil, que poseer la tierra prometida. Por lo tanto, es necesario coraje para luchar hasta que la posea. Como Daniel, se necesita valor para continuar orando en medio de la oposición orquestada satánicamente. También cuando supo que el tiempo para la liberación de Israel había llegado, comenzó a orar y ayunar y continuó durante veintiún días. Incluso cuando el Príncipe de Persia se opuso al Ángel que traía la respuesta, Daniel esperó con valor en oración. En Daniel 10:12-13, vemos el fruto o beneficio de su valor informado a Daniel:

"Entonces me dijo: Daniel, no temas; porque desde el primer día que dispusiste tu corazón a entender y a humillarte en la presencia de tu Dios, fueron oídas tus palabras; y a causa de tus palabras yo he venido. Mas el príncipe del reino de Persia se me opuso durante veintiún días; pero he aquí Miguel, uno de los principales príncipes, vino para ayudarme, y quedé allí con los reyes de Persia."

La respuesta fue emitida el primer día, pero el Príncipe de Persia obstaculizó. Imagínese si Daniel hubiese cancelado la sesión de oración, ¡una nación entera habría perdido el beneficio de su oración! Es por eso que necesitamos valor porque ciertas veces muchos de nosotros hemos renunciado a causa del desaliento y nunca poseemos lo que Dios quiso darnos.

Es necesario coraje, y ¿qué piensa usted David tenía? Valor. ¿Por qué los hermanos de Saúl y David vieron a un gigante de unos diez pies de altura, en Goliat y escaparon?, ¡porque no tenían valor! Todos corrieron a la cueva, pero David dijo, ¿qué se puede hacer para la persona que pueda sacar a este? David tenía valor y es por eso que su fe era osada. Si dicen que nunca nadie lo ha hecho, hay una buena probabilidad de que usted puede ser la primera persona en hacerlo. Si le dicen, los cristianos no pueden lograrlo aquí; usted puede ser el primer cristiano que lo hará. Debe entender que Dios con usted es suficiente. Él puede abrir las puertas.

4. Cinismo

No sea un cristiano cínico. Me siento tan triste porque he visto muchos en la iglesia y no entienden que no hay lugar para el cinismo en el reino de Dios. No trate de calcular a Dios. Soy una persona muy intelectual y muy lógica. No hago las cosas a menos que tengan sentido. Cuando se trata de creer en Dios, suspendo mi intelectualismo. Yo sé lo que estoy hablando porque Dios me enseñó cuando era un hombre joven. Vi un montón de cosas en lo natural, que no tenían sentido. Mi única opción era confiar en Él; Yo no puedo ni analizar a Dios, ni ponerlo en un tubo de ensayo.

Me encanta la química, pero cuando salgo del laboratorio, no trato de jugar a Dios y decir vamos a ver. No, todo termina allí en el laboratorio, cuando se trata de la palabra de Dios ya conozco mis límites y todo lo que aprendí a hacer es confiar en la palabra de Dios. No sea un cínico intentando razonar a Dios. Hay demasiados cínicos en la iglesia y nos preguntamos por qué Dios no hace muchos milagros entre nosotros. ¿Sabe por qué los milagros ocurren en Asia y en África y no muchos aquí? La razón se debe a que, vivimos en una cultura cínica, en la que algunos cristianos han sido aspirados dentro, sin saberlo.

Los cristianos en los países en desarrollo en general, no tienen más remedio que creer en Dios. No hay servicios médicos estatales, por lo que si cae dentro de una enfermedad grave, Dios tiene que venir a través de usted para sanarlo. Esta es la razón por la que hay más milagros en África. No sea un cínico, y no tratar de racionalizar a Dios. Hacer eso es la vía al pecado.

5. Pecado

El pecado crea un vacío, porque en el momento que usted lo permite en su vida, perjudicará su fe. Es una estrategia del enemigo; ¿cree que el diablo sólo quiere que usted cometa pecado? No es mucho más que eso. El diablo quiere mermar su fe; porque no es posible vivir en pecado y tener fe. Es por ello que vivir una vida santa es importante. En cualquier momento que usted está viviendo correctamente, hay audacia, y confianza en Dios que normalmente no tiene de otra manera. La biblia nos dice en Proverbios 28:1 que:

*"**Huye el impío** (es decir el pecador) **sin que nadie lo persiga; Mas el justo está confiado como un león.**"*

Tenemos el acusador de los hermanos, quiero decir, ¿cómo se puede vivir en pecado y tener fe? Cuando se quiere orar, el diablo vendrá para recordarle que usted mintió, y usted sabe que mintió. La presencia del pecado en la vida de cualquiera genera duda y miedo negando la fe en el corazón.

6. Falta de Enfoque

Un obstáculo importante para la fe es la distracción y falta de enfoque en el Señor Jesucristo. Hebreos 12:2 nos ordena a mirar siempre al Señor Jesucristo, el autor/iniciador y consumador/perfeccionador de la fe.

No se centre en el problema. Concentrarse y actúe en la palabra. Cada vez que se actúa en la palabra, activa su fe para producir un resultado. Por lo que la biblia dice Pedro salió de la barca, a la palabra "**ven**". Siempre y cuando miró a Jesús, caminó sobre el agua. Pedro caminó sobre el agua físicamente. Sin embargo, cuando él quitó los ojos de Jesús, y se centró en las olas y la tormenta, comenzó a hundirse. Cada vez que quita sus ojos de Jesús, verá la tormenta, y cuando vea la tormenta, se hundirá, y eso creará miedo, duda e incredulidad. Así que vemos aquí que el remover el enfoque de Jesús a la tormenta y al viento llevó a Pedro a la incredulidad.

Usted debe mirar a Jesús, no importa qué. Él inició su fe y sólo Él puede seguir sosteniendo y eventualmente perfeccionar su fe. Su atención DEBE centrarse en Jesús. Él es el HIJO modelo y ejemplo a seguir siempre. Él es la palabra y el buen pastor.

CAPÍTULO 9

Los Atributos Clave de la Fe

Este capítulo trata de los atributos clave que podemos observar en las escrituras. Antes de discutirlos en detalle, me gustaría establecer una base en la idea de la necesidad de vivir por fe.

Ahora se habla mucho de la fe. La fe no es sólo un área específica de la vida cristiana; es la vida cristiana. La vida cristiana es la fe, y sin fe no hay vida cristiana. El diablo a veces engaña a muchos cristianos porque ellos no entienden la palabra de Dios. Marcamos algunos ministros del Evangelio como Predicadores de la Fe. No hay tal cosa como un cristiano de fe. ¡O bien tiene fe o no se es un cristiano, puro y simple! Así que sin fe es imposible agradar a Dios (Hebreos 11:6). Así que la fe es un llamado a nuestra relación con Dios.

El Señor Jesús es el objeto de nuestra fe. El objeto de mi fe es una persona. Estoy vivo hoy a causa de Jesús. Tiene que conocer a Jesús por sí mismo. Tome el consejo de Job en Job 5:27 y busque la verdad por sí mismo y haga buen uso de ella:

"He aquí lo que hemos inquirido, lo cual es así; óyelo, y conócelo tú para tu provecho."

La pregunta ahora es ¿por qué es usted cristiano? La fe cristiana se basa en una persona, no una filosofía, se basa en Jesús, y su creencia no está en el hombre, sino en la persona de Dios. Así que todo lo que estoy compartiendo con usted acerca de la fe se relaciona con Jesús. La percepción de muchos que no tienen más puntos de conversación para atacar a los creyentes en Cristo es que un cristiano es una persona engañada o débil, porque él/ella no sabe qué hacer - y el cristianismo es una vía de escape.

Hoy en día, una envidiable lista de profesionales en medicina, derecho, ingeniería, banca, seguros, militares, académicos y de proyectos de construcción y así sucesivamente, profesan la fe cristiana. No son cristianos porque no tienen nada que hacer, sino que han puesto su fe en el resucitado Hijo de Dios, el Salvador resucitado, y el que fue, es y ha de venir. Él está vivo por siempre jamás, quien desde el principio es Dios, antes del comienzo, Él es. Ese es el objeto de mi fe.

No tengo fe, porque yo vivo en Texas, ni porque es un estado religioso. Tengo fe en Dios que hizo los cielos y la tierra. Su fe como un ancla debe basarse en el Señor Jesucristo, que no puede fallar.

ATRIBUTOS CLAVE DE LA FE

1) El primero que creo que es más importante; es lo que llamo el **oír de la fe**. El estar escuchando en fe está en tiempo presente continuo. No es sólo una vez o de vez en cuando, pero un oír continuo de la fe. Mucha gente va a la iglesia, pero, o no escuchan o no quieren empaparse de lo que se dice allí. No estoy diciendo que son sordos, pero no oyen en el espíritu. El oír de la fe se traduce en la adquisición de la fe. Así es como se puede adquirir la fe, y hacer crecer su fe, y desarrollarla.

"Así que la fe es por el oír, y el oír, por la palabra de Dios." (Romanos 10:17).

Para que la fe cobre vida, hay que escuchar con el oído del espíritu y ¿qué significa eso? Usted no sólo escucha con el oído natural físico por sí solo, sino que hay que escuchar en el espíritu, - el espíritu nacido de nuevo debe recibir la palabra de Dios.

Debe tener un encuentro al estar usted escuchando la palabra; debe creerla porque Dios lo dijo así, y no porque el pastor lo dijo. Debe creer por el Dios que puede matar y dar vida, que puede destruir el cuerpo y destruir el alma. El Dios que dijo hágase la luz, así que usted crea que puede haber luz. En efecto, debe tener una revelación/iluminación de Dios y de su voluntad como se revela en las Escrituras, debe tener esa revelación en su espíritu. Tener esa revelación le da una garantía indiscutible de Su verdad en su corazón, que a su vez inspira una fuerza interior que le permite hacer hazañas para Dios.

Daniel nos muestra la importancia del oír de la fe, cuando todavía se adelantó a orar como lo hacía siempre, sabiendo que iba a ser arrojado a los leones. Entonces ¿qué sabía Daniel que usted y yo no sabemos? ¿Por qué un hombre que sabía estaba a punto de ser arrojado a los leones, iría a casa, abriría la ventana como lo hizo antes, se arrodillaría y oraría tres veces al día? Daniel no se movió. ¿De dónde vino esa audacia o confianza? Vino de su fe y el poder de la oración. Esto es la razón por lo que está escuchando como cristiano es importante. Así que hay un oír de la fe eso significa que oye, con fe, y cree en su corazón. Usted oye a causa de la revelación que Dios le ha dado. De hecho, su fe no puede crecer más allá de su revelación/iluminación de Dios. Realmente necesitamos conocer a Dios por nuestro propio bien. En línea con este pensamiento Salmo 107:43 nos dice: *"¿Quién es sabio y guardará estas cosas, Y entenderá las misericordias de Jehová?"*

Cuanto más se le conoce más su fe crecerá. Si usted no sabe quién es Dios, no tendrá fe. Si conocemos el Dios a quien servimos, no lo compararemos con el hombre. Dios no es un ser humano. Dios es Dios por sí mismo, y Él es un espíritu.

Una de las razones por la que muchos cristianos no tienen el oír de la fe se debe a que cuando oyen, tratan de racionalizar a Dios. No se puede racionalizar a Dios. Dios no es y no puede ser reducido a materia, no puede ser medido por el tiempo o limitado/restringido por el espacio; Él puede hacer cualquier cosa, así que cuando usted escuche su palabra, tan solo créala. Puede que no tenga sentido, créala. La mujer con el flujo de la sangre, dijo:

"Porque decía dentro de sí: Si tocare solamente su manto, seré salva." (Mateo 9:21).

¿Tiene sentido? ¿Cómo tocando el manto puede curarla? Pero tenía la revelación de quién es Jesús. Así que tenía el oír de la fe. Había oído hablar de los milagros de Jesús y creyó que lo mismo sucedería con ella. Ella espera con interés la oportunidad de conectar su fe para recibir la curación tocando a Jesús. En Gálatas 3:2 leemos:

"Esto sólo quiero saber de vosotros: ¿Recibisteis el Espíritu por las obras de la ley, o por el oír con fe?"

Así que Pablo aquí estaba reprendiendo a los Gálatas que comenzaron en el espíritu e iniciaron a caminar en la carne. Se preguntó si su caminar cristiano, se basaba en las obras. O en la fe en Dios. Ustedes eran gentiles, creyeron en Jesús y fueron salvos. A veces es posible sentir desanimo, es comprensible, pero no se quede desanimado. No se rinda. Pero el diablo puede estar diciéndole, solo tómatelo con calma, no seas intransigente, y sólo sigue a Dios tanto como sea posible. No me interesa cuánto tiempo ha sido Cristiano, no se rinda.

Usted puede mirar a sus amigos, sus parientes y decir que todo el mundo está bien, Dios ¿por qué estoy teniendo problemas en mi vida? Sepa que las buenas obras que Dios ha comenzado en su vida, Él las terminará y perfeccionará. Dios no solo inicia y no termina. Dios es el autor y consumidor; el principio y el fin; el alfa y el omega. El punto es que cuando escuche la palabra de Dios, escúchela con fe.

2) **La obediencia de la fe.** La obediencia a Dios y su palabra es la prueba segura de mi fe en Él. Si realmente creo en Él ser quien Él es y lo que hace y lo que dice acerca de sí mismo y su palabra, yo le obedezco. La obediencia de la fe es inevitable. La obediencia es imprescindible. La

razón por la que muchos de nosotros luchan en obediencia es esto, no creemos en Dios. Si realmente cree a Dios, la obediencia seguirá. La fe produce un temor reverencial de Dios en el hombre. Así que aquí está la obediencia de la fe, Rom 16:26

"Pero que ha sido manifestado ahora, y que por las Escrituras de los profetas, según el mandamiento del Dios eterno, se ha dado a conocer a todas las gentes para que obedezcan a la fe"

Se trata de los mandamientos del Dios eterno. Esto se dio a conocer a todas las gentes para que obedezcan a la fe. La razón por la que la gente va a ir al infierno, no es porque eran los peores pecadores en la tierra, pero debido a que no obedecían a la fe, y no se arrepintieron.

Este manifiesto afecta a todos los hombres amarillos, blancos o negros, altos, ricos o pobres, americanos, asiáticos o africanos o europeos; no importa dónde usted se encuentre. Para todos los hombres, hay un mandato en cada ser humano, en todas partes, no sólo en África, no sólo en Texas, sino en todas partes que se arrepientan. La razón es mencionada en Hechos 17:31, y es debido al Dios eterno, el creador del cielo y de la tierra. Dios*: "...ha establecido un día en el cual juzgará al mundo con justicia, por aquel varón a quien designó, dando fe a todos con haberle levantado de los muertos."*

Esta es la obediencia de la fe. Cada ser humano es ordenado a arrepentirse. El arrepentimiento es un mandato que significa que tiene que decidir cambiar para seguir a Jesús. Es una decisión que no hace por su padre, su madre, o sus hijos, lo hace por sí mismo. Es una decisión personal.

Decidí seguir a Jesús, fue mi decisión personal, cuando me convirtió en un creyente y discípulo del Señor Jesucristo. El arrepentimiento es una decisión. ¿Cómo me arrepentí? Pensé que era un buen tipo, no fumaba, no hacía drogas, y moralmente de buen comportamiento, por lo que era un buen tipo en mis propios ojos. No, eso es lo que muchos piensan, pero es una mentira y no son más que religiosas. Yo era religioso, pero no había nacido de nuevo. Al mirar en el espejo de la palabra de Dios, era recto delante de mis propios ojos, pero a los ojos de Dios era un pecador en necesidad de arrepentimiento. La biblia dice:

"Por cuanto todos pecaron y están destituidos de la gloria de Dios."

La paga del pecado es muerte, mas la dádiva de Dios es vida eterna en Cristo Jesús Señor nuestro. Cuando decidí dar mi vida a Jesús; No sabía lo que estaba ocurriendo. Tres meses más tarde me di cuenta de un cambio en mi vida; esto es lo que significa nacer de nuevo. Eso fue lo que pasó. Así que debe haber obediencia a la fe. Jesús no es opcional. Él dice: *"... Yo soy el camino, la verdad y la vida..."* (Juan 14: 6). Cuando llegué a casa de la escuela, miré a mis abuelos a la cara y les dije, "A partir de hoy. No me uno a ustedes para adorar ídolos, soy nacido de nuevo, y yo soy cristiano." Mis abuelos dijeron "Pero todos vamos a la iglesia", sí dije "Todos vamos a la iglesia, pero a partir de hoy, no me uniré a ustedes para adorar ídolos. No puedo estar agachándome y adorando al dios del hierro, y el dios del mar. Dios no lo quiera", dije: "Soy un hijo de Dios y a partir de hoy, cuando cocinen mi comida; cocínenla por separado porque no voy a comer alimentos sacrificados a los ídolos." Si usted es un cristiano todas las cosas deben ser hechas nuevas.

Como cristiano debe ser una maravilla para su generación, y su mundo. No acepte la derrota; no acepte las limitaciones de su vida. Cuando hay obediencia a la fe, podemos tener certidumbre de la fe. Yo lo llamo la plena convicción de fe. Hebreos 10:22 nos dice:

"acerquémonos con corazón sincero, en plena certidumbre de fe, purificados los corazones de mala conciencia, y lavados los cuerpos con agua pura."

Recuerde que al principio declaré que su fe se basa en una persona. La pregunta es ¿quién es esa persona? Él es Dios, que vive para siempre. Por lo tanto, su fe puede tener seguridad. En plena convicción, acerquémonos con corazón sincero, con fe total y completa. Dios existía antes que usted, sus padres y bis-abuelos nacieran.

¿Sabe usted la edad de Dios? Él no tiene edad. Él está fuera del tiempo. Dios es inamovible, y usted se supone debe ser inamovible también. Sea movido solamente por la palabra de Dios. Un cristiano que tiene que ir muy lejos en Dios tiene que estar muerto a este mundo. Él o ella tienen que aprender a no ser movido por lo que se ve, siente, o escucha. Hay una gran cantidad de voces por ahí, y eso es un problema. Debemos afinarnos dentro del oír de la fe, pero algunas personas oyen a los demonios. Le daré un panorama. ¿Por qué cree que Jesús le dijo a Pedro? *"Quítate de delante de mí, Satanás"* (Mateo 16:23).

Fue porque a pesar de que era Pedro a quien oímos hablar, aun así era el diablo que estaba hablando a través de él. El Señor dijo: No quiero oír esa voz porque he oído la voz de Dios. Un cuerpo se ha preparado para mí. Como en el rollo del libro está escrito de mí, vengo para hacer tu voluntad, oh Dios (Hebreos 10:5-7). Él estaba destinado a ir a la cruz, y aquí estaba Pedro tratando de decirle, no vayas a la cruz. Eso era contrario a la mente de Dios.

El Señor Jesús reprendió esa voz contraria a pesar de venir de Pedro, porque él estaba hablando una palabra demoníaca que iba a alterar la fe de Jesús. Usted debe ser capaz de hacer como Sadrac, Mesac y Abed-nego, que se mantuvieron firmes al encarar la idolatría. Le dijeron al rey Nabucodonosor,

"… No es necesario que te respondamos sobre este asunto. He aquí nuestro Dios a quien servimos puede librarnos del horno de fuego ardiendo; y de tu mano, oh rey, nos librará. Y si no, sepas, oh rey, que no serviremos a tus dioses, ni tampoco adoraremos la estatua que has levantado. " (Dan 3: 16-18)

Para muchos cristianos, tomar el tipo de decisión que estos hombres tomaron habría sido difícil. Su resistencia me reveló que tenían una plena certeza de la fe, porque ellos se mantuvieron por Dios, y Dios se paseó a su lado en el fuego. Se comportaron como cristianos 'totalmente cocidos', que se negaron a romper bajo tensión a diferencia de algunos de nosotros que el cristianismo se basa en lo que recibimos de Dios. Sabemos más de la mano de Dios, de lo que sabemos sobre el rostro de Dios. Cuando los cristianos medio-cocidos no ven la mano de Dios, ¿qué hacen? Ellos se quejan de situaciones imperfectas en sus vidas.

De hecho, que si Dios no le da lo que usted quiere, ¿aún le serviría? Debe confiar en Él y ser un creyente plenamente convencido en todo momento, en plena certidumbre de la fe y no permitir que nada lo separe del amor de Dios (Romanos 8:35 - 39).

3). **Palabra de fe.** La palabra de fe es la acción de la fe. Es la fuerza de la fe. Es la respuesta positiva a la palabra de Dios. La palabra de fe es tanto el objeto de la fe y la base de la fe. Romanos 10:8 nos dice:

"Mas ¿qué dice? Cerca de ti está la palabra, en tu boca y en tu corazón. Ésta es la palabra de fe que predicamos."

Necesita y debe ser hablada y confesada/ declarada Romanos 10: 8. La salvación y el acompañar evidencias prácticas, son generalmente el resultado de la palabra de fe hablada y declarada. Tenemos que aprender a hablar la palabra de fe como Josué y Caleb.

¿Qué es la palabra de fe? La palabra de la fe es una persona. La palabra de la fe es Jesús mismo.

"En el principio era el Verbo, y el Verbo era con Dios, y el Verbo era Dios" (Juan 1: 1).

Jesús es el <u>objeto</u> de su fe; Él es también la <u>base</u> de su fe. Gracias a Jesús, usted cree en Jesús. Él es el objeto de su fe, a quien estamos orando, en quien creemos, y el que también garantiza su fe. Usted tiene fe a causa de lo que Él ha hecho. Usted es quien es por causa de Jesús, no por sus propios méritos.

Él es el objeto de mi fe. Ponga su fe en Dios, porque Él es el objeto de su fe. Cuando usted está hablando como cristiano, hable la palabra de Jesús. Así que si su hijo está enfermo, diga "te ordeno - ser sanado en el nombre de Jesús, la enfermedad se va en el nombre de Jesús." Está hecho.

No diga: "Espero que esta enfermedad no llegara, o espero que esta enfermedad no vaya a matar a alguien. Espero no perder mi trabajo" Estas no son las palabras de la fe. Si necesita dinero, declárelo y diga "El Señor es Jehová Jireh, Él proveerá." Tiene que ver y creer lo invisible para disfrutar de lo imposible.

Hay una historia de un hombre de Dios. La mujer le dijo: "Cariño. No hay aceite para cocinar en casa." Él dijo: "No se preocupe. Dios proveerá." Esa es la palabra de fe siendo expresada. En tres días, alguien de otra ciudad, representando una compañía de aceite vegetal, envió un par de galones de aceite a este hombre de Dios. La palabra de fe es verdadera y real, sólo es necesario hablarla. Su lengua lleva poder, úselo sabiamente.

¿Cuál es el punto sobre la palabra de fe? Es lo que predicamos, usted habla. Usted lo confiesa porque usted cree en su corazón. Si desea conocer la palabra de fe mire al Señor Jesucristo. Se le dijo que Lázaro había muerto, ¿qué dijo Jesús? "*Él duerme*". Si Jesús dice que está muerto, él permanecería muerto. El Señor dijo que estaba dormido. Así que vamos a despertarlo. La palabra de fe va a despertarlo. En el caso de la mujer sunamita, "¿Cómo está tu marido?" "Está bien." "¿Cómo está tu hijo?" "Está bien." Su hijo está muerto, pero ¿qué dijo ella? "Está bien." Esa es la palabra (confesión) de la fe.

Muchas veces usamos nuestra boca para destruir nuestros milagros, porque la Biblia dice que la muerte y la vida están en poder de la lengua (Proverbios 18:21). Cuidado con lo que dice, como siempre digo a los padres; Nunca maldiga a sus hijos. Nunca hable palabras negativas a sus hijos. Déjeme decirle lo poderoso que las palabras son. Entre la edad de cuatro y ocho años, prácticamente desmantelé todos los juguetes que se me habían comprado. Mi abuela y mi tía, quienes no eran cristianas, me miraban, y me decían ingeniero.

A esa edad yo no sé ni que es un ingeniero. Cuando cumplí ocho años, me dije, voy a ser ingeniero. Elegí mi carrera cuando tenía ocho años de edad. Cuando tuve esta revelación un día, me sorprendió, dije ¿qué? Así que las palabras de mi abuela fueron tan poderosas para dar forma a mi carrera. Las palabras son poderosas. Déjeme decirle, cada ser humano es un espíritu que habla, y Dios sopló en Adán y Adán se convirtió en ¿qué? Reina Valera dice *"un ser viviente"*, pero el texto original en hebreo significa *"y Adán se convirtió en un espíritu hablante."* No importa si usted es un cristiano o no, porque es un ser humano, tenemos la naturaleza de Dios en nosotros. Cuando hablamos, somos creadores. Esa es la palabra de fe.

4) **¿Cuantificación de la fe?** El desarrollo de la fe, la fe crece, la fe puede ser fortalecida. La Biblia habla de la fe semilla de mostaza, y en Romanos 12:6 sobre la medida de la fe. Así que sabemos que la fe puede crecer. Hay niveles de fe, por lo que hay cuantificación, hay una medida de fe. Todos nosotros no tenemos la misma medida. La medida es como Dios nos ha bendecido. Todos somos diferentes; no trate de solo imitar otra persona. Ve a un tipo comprar una casa de cinco dormitorios y dice "voy a comprar una casa de cinco dormitorios también"; ve a un tipo comprar un barco, usted dice "voy a comprar un barco también".

Nosotros no tenemos todos la misma medida de fe. Es muy peligroso hacer lo que hacen los demás; usted no sabe por dónde Dios los ha hecho pasar. ¿Tiene alguna idea de las batallas que han luchado? ¿Sabe usted cuántos demonios, cuántos leones, cuantos osos han matado? ¿Quieres ser como David? ¿Ha matado a un oso, un león, y Goliat? Así que no todo el mundo puede matar a Goliat, porque hay una medida de fe.

Por lo que la Biblia dice que si usted tiene profecía, profetice de acuerdo a su fe. Si Dios le ha bendecido con un don, hágalo a su capacidad. No trate de copiar a otra persona. No trate de ser como los demás. ¿Por qué? Hay tal cosa como una medida de fe. No todo el mundo está en el mismo nivel; cada persona tiene un cierto nivel, pero la fe puede crecer, ese es el punto. Sin embargo, al día de hoy, mantenga su nivel. Apunta a crecer y desarrollarse en su fe.

La fe puede ser desarrollada por el uso continuo y el ejercicio. Al aprender a ejercer nuestra fe en el nivel de la **Medida/Promoción** de nuestra fe y la obtención de resultados, se nos anima a confiar en Dios cuando se nos enfrenta con el siguiente nivel de desafío. La fe anclada en la palabra de Dios puede comenzar aunque sea como una semilla de mostaza, pero tiene la capacidad de producir resultados cuando se le ejerce. Pablo nos ordena hacerlo mediante el ejercicio de nuestros dones dados por Dios como parte de nuestro desarrollo espiritual - Rom 12:3, 6 y Romanos 1:17.

5) **El espíritu de fe** - 2 Corintios 4:13. El espíritu de fe es la fuerza de la fe. El espíritu de fe es el poder de la fe. La fe es una fuerza espiritual. No es algo que se puede ver, pero es la certeza de lo que se espera, es la convicción de las cosas que no se ven. Pero la fe en sí misma no es visible, al igual que Dios. Dios es invisible y su fe es invisible, pero se puede ejercer porque existe tal cosa como el espíritu de fe. El espíritu de la fe es como el espíritu que opera en la iglesia. Es el espíritu que debe operar en la iglesia. En la iglesia nos movemos por el espíritu de fe. No por el espíritu de incredulidad. No por el espíritu de duda. Debemos tener el espíritu de fe.

6) En 1 Corintios 12:9, la Biblia habla del **don de la fe**, el don de la fe. Esa es la habilidad sobrenatural de creer en Dios sin dudar. El don de la fe es "**... sol detente...**", dijo Josué, y la Biblia dice, el sol se detuvo. Ese es el don de la fe. El don de la fe se ejemplifica en estas palabras "Quédate quieto oh hijos de Israel." Los hijos de Israel salieron de Egipto, se dirigen a la tierra prometida. Los egipcios los persiguieron por detrás, a la izquierda una montaña, una montaña a la derecha, y el Mar Rojo frente a ellos. Lo primero que ocurrió fue que Moisés dijo a los israelitas: "*... estad firmes, y ved la salvación que Jehová hará hoy con vosotros*" (Éxodo 14:13)

Esa declaración fue el don de fe en operación. Si usted lee el versículo siguiente, Moisés comenzó a clamar. Moisés se percató de su realidad humana, pero es importante hablar la palabra de fe para operar en ese don. Cuando usted dice estad firmes, está ejecutando esa fe requerida para un cambio en su situación. Moisés había declarado anteriormente en parte que: "*... los egipcios que hoy habéis visto, nunca más para siempre los veréis.*" (Éxodo 14:13)

Esta fue una declaración de fe en la que tenía que haber esperado en el resultado, pero Moisés entró en pánico y la dimensión humana de él tomó control. Por favor, sepa que cada cristiano tiene dos dimensiones a ellos – está la dimensión del hombre de Dios; y está el ser humano, la persona natural. Es por eso que ora, no somos Dios, pero tenemos a Dios en nosotros, cuando dejamos que Dios opere, vemos el poder de Dios.

Moisés dice estad firmes, el don de la fe. Pero en el siguiente versículo está clamando y le dijo Dios a Moisés ¿por qué clamas? Deja de llorar, alza la vara, que tienes en la mano. Moisés regresó en sí mismo; tuvo que operar en ese don de la fe en el cual él ya había hablado. El don de la fe, le permite creer a Dios más allá de lo que normalmente se cree. Es un don, no todos los cristianos tiene ese don.

7) En Efesios 6, la Biblia habla sobre **el escudo de la fe**, como un arma. Yo lo llamo el arma de la fe. Si el diablo le lanza palabras, lanza ideas, lanza consejos; usted recházcelos, y golpee de nuevo.

Un cristiano debe saber cómo usar eso, porque muchas veces, el diablo bombardeará su mente. ¿Por qué las personas se suicidan? Es debido al bombardeo del diablo. Siempre que tenga pensamientos negativos, por favor no cree un espacio o habitación para los pensamientos negativos en su mente. Debe rechazarlos, no estamos diseñados para ser negativos, y somos hijos de la fe. Así que tome su escudo de la fe, usted no fallará, usted tendrá éxito. Levántelo para rechazar todas las dudas del diablo, pues su fe es un arma, es un arma defensiva, muchas veces, sólo porque usted cree, Dios se moverá.

Muchas personas no mueren a causa de la enfermedad; mueren a causa de la rotura del corazón, porque ellos se dieron por vencidos. Muchos pacientes con cáncer sobreviven porque tenían esperanza, se aferran. Voy a estar vivo y no moriré. La voluntad de vivir y no morir los mantuvo con vida a pesar de tener cáncer en etapa 4. Así que la fe es muy importante como un arma, es el escudo de la fe.

8) La Biblia habla del **gozo de la fe**, Filipenses 1:25 – el gozo de la fe. Este es el gozo que se produce en las consecuencias de respuesta a la oración o la visitación divina de Dios. El gozo que se inspira en Su milagro. *Una clara manifestación de nuestra santísima fe es el gozo del Señor, que es parte de nuestro derecho de pacto.* Una vida de fe es una vida de gozo, ya que el gozo del Señor es nuestra fortaleza - Nehemías 8:10.

9) Gálatas 6:10 habla de la **familia de la fe**. Somos la familia de la fe, y Pablo nos anima como familia de Dios a pelear la buena batalla de la fe. Cada creyente en el Señor Jesucristo como Señor y Salvador es parte de la familia de la fe, también conocido como el Cuerpo de Cristo, y miembros cada uno en particular - 1 Corintios 12:27.

Hasta este punto, hemos revisado el **oír de la fe**, la **certidumbre de la fe**, la **palabra de fe**, y el **don de la fe**. Hemos de reseñar brevemente la **oración de fe** y la **batalla de la fe**. Debemos aprender el uso de estas armas de la fe.

10) En Santiago 5 la Biblia habla de **la oración de fe**. Cada oración del creyente, debe ser la oración de fe. Una oración anclada en la palabra autorizada de Dios, confesa y cree sin vacilar. Esto da lugar a agradar a Dios cuando venimos a Él basado en la plena seguridad de la realidad de su persona y su posterior acción para premiar a los que le buscan con diligencia. La persistencia en la oración activa desde el corazón es una que siempre produce una respuesta divina, como se destaca por el Señor Jesucristo en la parábola del juez injusto - Lucas 18:1-8. Muchas veces oramos en incredulidad.

Si usted realmente no cree en su corazón, no ore. Construya su fe antes de orar. Pues cada oración debe ser una oración de fe. La oración de fe, Santiago dice que va a curar a los enfermos.

11) **Obra de fe**. La fe tiene que impulsar su trabajo para Dios. Debe ser la motivación de cada trabajo que hace en el reino de Dios (1 Tes 1:3, 2 Tes 1:11). Al vivir por la fe, tenemos que hacer todo lo que hacemos por fe. Pues lo que sea que se haga fuera de la fe se convierte en pecado - Romanos 14:23. Nuestra fe siempre debe ir acompañada de una acción correspondiente. La propia confesión, conducta y acciones deben tratar de alinearse con las palabras de fe que creemos y hablamos.

12) Pablo, en 1 Timoteo 6:12 habla de **la buena batalla de la fe**. La buena batalla de la fe. La vida cristiana es una batalla de la fe. Vamos a enfrentar desafíos. La biblia dice que muchas son las aflicciones del justo, pero de todas el Señor lo libra, por lo que debe entender este atributos de la fe. La batalla de la fe implica tanto la defensa de la fe cristiana, así como mantener su posición de en la fe contra todos los pronósticos y adversidades.

Muchos cristianos hoy en día no pueden luchar. No me refiero a ponerse sus guantes de boxeo y boxear a su vecino. Me refiero a pelear la batalla de la fe. ¿Por qué nos rendimos demasiado rápido? No se rinda demasiado rápido en su matrimonio, trabajo y estudios académicos. Sé que usted falló los exámenes, repítalos y apruebe. No se rinda. Hay una batalla de la fe. Existe tal cosa llamada **la batalla de la fe**.

¿Sabe usted que Pablo naufragó? Y más de una vez y ¿sabe cuántas veces Pablo recibió treinta y nueve latigazos de golpes, tres veces? Fue apedreado y dejado por muerto, y Dios lo levantó. Continuó predicando. Algunos de nosotros hubiésemos escapado. Se fue a hacer la voluntad de Dios; fue golpeado y arrojado a la mazmorra. La biblia dice a la medianoche, Pablo y Silas oraban y cantaban alabanzas. Ellos no se quejaron o dieron por vencidos - lucharon al diablo hasta un reposo.

¿Por qué tenemos que ser los débiles en la iglesia? Permítame compartir una historia. Cuando estaba en secundaria, y me convertí en cristiano, fuimos severamente perseguidos por las autoridades de la escuela. El director llegó una mañana y dijo: "Hoy está prohibido el grupo cristiano en esta escuela". Eso significaba que ni siquiera podíamos utilizar nuestro tiempo libre para reunirnos y orar. Teníamos un tiempo libre después de la cena, la cena era a las 6:00pm, el tiempo de estudio era a las 7:30pm, y por lo que si terminábamos la comida a las 6:30, entre 6:30-7:30pm íbamos a la reunión de oración. Luego, el director dijo "Incluso durante ese período libre, no más encuentros".

El presidente del grupo cristiano que era un líder Prefecto/Estudiante llegó esa tarde al comedor antes de todo el alumnado y dijo: "Sé que el director dijo esta mañana que el grupo cristiano está prohibido", él dijo "El grupo cristiano no está prohibido." no estoy diciendo una fábula, pasé por esto. Esa noche fuimos todos, y tuvimos nuestra reunión, y continuó varias semanas después. Un día el director y algunos profesores vinieron, nos vieron reunirnos. Nos miraron y luego se fueron, y una vez nos llamaron a la oficina del subdirector, y le dijimos, pero señor, este es nuestro tiempo libre, y ese fue el final de todo.

¿Por debe usted decir que no debí haber orado o reunido? Déjeme decirle, un avivamiento vino después de eso. Aprendí algo como un hombre joven - no tenga miedo de las personas que pueden matar SOLO el cuerpo. Déjeme decirle, hay tales cosas en la Biblia como *"leyes injustas"* (Isaías 10:1). Muchos cristianos no luchan. Esta es una razón por la que la oración fue sacada de nuestras escuelas en este país. Esa es la verdad, nos rendimos en la lucha. Dígame ¿qué debería impedirle orar durante su tiempo libre? Dígame. Es una ley injusta. Esto es lo que dice la biblia,

"¡Ay de los que dictan leyes injustas" (Isaías 10:1)

Es por eso que oramos por el gobierno, ya que en todo momento que hacen algo en contra de la palabra de Dios, se ponen bajo el juicio de Dios.

Luche por su matrimonio, y su trabajo. ¿Cómo se combate? ore de rodillas, hay poder en la oración. La reina de Escocia hace algunos cientos de años dijo esto "temo más las oraciones de John Knox que todos los ejércitos de Inglaterra." ¡Hay una documentación histórica sobre John Knox! John Knox se arrodilló en la nieve en Escocia, y dijo: "Dios, dame Escocia o muero" Instantáneamente un avivamiento empezó en Escocia. Oro para que el Señor nos apresure a pelear la buena batalla de la fe en nuestra generación.

CAPÍTULO 10

Viviendo por Fe

1. Viviendo por Fe - Las manifestaciones de la fe

El precepto *"El justo vivirá por la fe"*, discutido en el capítulo 2, centrado principalmente en Principios Fundamentales acerca de la necesidad de cada creyente vivir por fe. Vivir por la fe va más allá de la comprensión de lo que significa. Vivir por fe debe convertirse en un estilo de vida y exhibir prácticamente correspondiente acción, trabajo y resultados. Una vida de fe produce resultados manifiestos para que todos lo vean. El Señor Jesús durante sus tres años y medio de ministerio demostró comprensivamente esto especialmente a sus discípulos. Es responsabilidad de todos los que creemos de seguir lo mismo y tratar de vivir nuestras vidas por fe en la práctica.

En primer lugar, vivir por la fe comienza con una decisión personal de confianza total y absolutamente en la obra terminada del Señor Jesucristo. Aceptándolo y recibiéndolo como nuestro Señor y Salvador (Juan 1:12) implica nuestro oír a la predicación del evangelio (Romanos 10:14), reconociendo la gracia que ha aparecido a todos los hombres (Tito 2:11), nuestra obediencia a la fe (Romanos 1: 5) y la salvación por gracia mediante la fe en el Señor Jesucristo (Efesios 2:8-9).

En segundo lugar, es importante saber en qué se ha convertido en Cristo. Ha nacido de nuevo (Juan 3:6-8) y nacido de Dios (1 Juan 5:4) y de la voluntad de Dios (Juan 1:13). Usted posee el ADN divino y por lo tanto está en condiciones de vencer al mundo a pesar de todas las tribulaciones que vengan en su camino - Salmo 34:19. Pablo explica, además, que es usted ahora una nueva creación en Cristo por completo (2 Corintios 5:17). Su viejo hombre ha sido crucificado con Cristo y ya que no es usted quien vive, sino que Cristo vive en usted. La vida que ahora vive en la carne, se vive día a día por la fe de Cristo y total dependencia y confianza en Él, que le amó y se entregó por usted (Gálatas 2:20). La comprensión de esta verdad aquí, forma la base para vivir por fe como discípulo del Señor Jesucristo.

En tercer lugar, este nuevo estado (nueva creación) y fe recién adquirida representan un estado de "bebé espiritual" (inmaduro), que necesita ser alimentado y crecido a la madurez por la palabra de Dios (1 Pedro 2:2). Su fe necesita ser desarrollada y fortalecida continuamente día a día por el oír la palabra de Dios (Romanos 10:9-17). Esto implicará un proceso de adquisición, desarrollo y crecimiento en la fe deleitando a sí mismo en las Escrituras y meditando en ellas de día y noche (Josué 1:8) y permitiéndole renovar y purgar su mente de incredulidad, duda, miedo y cinismo (Romanos 12:2).

Debe esforzarse por vivir su vida a través del espejo de la palabra de Dios y permitir que sea una lámpara a sus pies (decisiones del día a día) y una luz para su camino (decisiones estratégicas y futuristas) - Salmo 119:105. A medida que aprende y hace todo lo posible para hacer/obedecer y ejecutar su vida basada en las Escrituras (Josué 1:8), el nuevo espíritu nacido comienza a ser entrenado en fe y justicia. En el tiempo y en cualquier etapa y nivel donde se encuentre, vivir por fe comienza a convertirse en una segunda naturaleza al su vida transformarse (metamorfosearse) cada vez más. Su vida de fe lo lleva a la madurez al ser capaz de demostrar lo que es bueno, aceptable y perfecta voluntad de Dios (Romanos 12:2). En esencia, se aprende en la práctica al comenzar a vivir de toda palabra que sale de la boca de Dios. En la práctica, vivir por la fe es vivir por la palabra de Dios (Deuteronomio 8:3; Mateo 4:4; Lucas 4:4).

Vivir por la fe diariamente puede resumirse basado en el pasaje de Marcos 11:22-24, donde el Señor Jesús nos enseña a cómo ejercer nuestra fe y desarrollar constantemente nuestro 'musculo' de la fe.

2. El ejercicio de nuestra Fe (Marcos 11:22-24)

Con el fin de ejercer su fe debe cumplir con las siguientes expectativas:

a) Oír- La expectativa es que ya estamos escuchando la palabra de Dios continuamente. Porque la fe viene por el oír la palabra de Dios

b) Creer - Para cualquier cosa que deseamos, cuando oramos, debemos creer que ya tenemos por lo que oramos.

c) Confesar- La evidencia de nuestra fe y creencia que ya hemos recibido será demostrada por nuestra confesión. No es suficiente creer. Debemos confesar lo que creemos. Nuestra confesión debe estar de acuerdo tanto con nuestra oración y nuestra creencia en la recepción por lo que oramos. Con el corazón creemos para justicia, pero con la boca se confiesa para salvación (Romanos 10:10). Obtenemos por lo que hemos orado y creído, cuando también confesamos.

d) Hechos (Obras) - A medida que confesamos lo que creemos, en muchos casos, tiene que haber una acción correspondiente a la oración, fe y confesión. Si oré por curación, la fe requeriría que yo empezara a comportarme como si ya estoy curado. Las obras/manifestaciones deben acompañar a mi fe. Si digo que tengo la raíz de la fe, las obras (frutos) de la fe deben manifestarse - Santiago 2:17-18. Yendo a través de lo anterior, prácticamente siempre producirá los resultados deseados de nuestras oraciones.

Tormentas de la vida vendrán. Cosas podrían pasar a usted que son inexplicables. Todo tipo de desafíos podrían enfrentarle. A través de todos estos, mientras viva por la fe, tendrá que permanecer firme (2 Corintios 1:24) e inamovible (Romanos 4:17) por su fe en Dios y para mantenerse firme en la fe ha creído todos estos años (1 Corintios 16:13), a pesar de su circunstancia.

Otros mandatos a tener en cuenta, al vivir por la fe en la práctica son los siguientes:

Los 'no' de la Fe

- Procurar no ser débil en la fe - Romanos 14:1, 23
- No desechar, anular o naufragar su fe - 1 Tim 1:19
- No negar la fe - 1 Timoteo 5:8, 12
- No alejarse o errar de la fe - 1 Timoteo 6:10, 21
- No perder la marca y no derribar/transtornar la fe de otros - 2 Tim 2:18

CONCLUSIÓN

Este libro en el capítulo 1 comienza con algunas apologías de la fe cristiana como "La Fe" y "Nuestro Santísima Fe". Continuó en el Capítulo 2 con una amplia exposición de la frase "El justo vivirá por la fe" y usándola como base para la discusión de verdades y principios fundamentales de la fe. El propósito y la necesidad de la fe fue la base de la discusión en el capítulo 3. Los capítulos 4 y 5 enuncian los conceptos de "Los Pronombres de la fe" y "Las preposiciones de la Fe", respectivamente. El énfasis en el capítulo 4 era que la fe es una cosa personal que debe ser poseída y vivida de forma individual.

La idea del capítulo 5 fue demostrar la tangibilidad y la realidad de la fe como una fuerza espiritual que ha de emplearse en la vida diaria del creyente. La discusión de los Héroes de la Fe en el capítulo 6 demostró ejemplos bíblicos de hombres y mujeres que utilizaron su fe individual de una manera real y tangible para hacer hazañas para Dios y en sus vidas. A través de las Escrituras encontramos evidencia de la idea de que hay tipos y niveles/grados/medidas de fe exhibida por diferentes personas.

La comprensión de este principio y la forma en que se puede aplicar en nuestra vida dependiendo de la etapa en que estamos, en nuestra fe y caminar con Dios, es la base de la discusión en el capítulo 7. Nuestro fe individual y colectiva incluso puede verse afectada por muchos factores que tenemos que tener en cuenta, para que podamos desarrollar estrategias de mitigación contra ellos. Por lo tanto el capítulo 8 se centra en los Obstáculos para la Fe. En la maduración en la fe y el ejercicio de la misma, ciertos atributos clave de las Escrituras se observan y se discuten ampliamente en el capítulo 9. La fe, a pesar de ser una fuerza invisible, siempre produce un efecto visible. Santiago argumenta que no podemos decir que tenemos fe, sin la acción correspondiente de las buenas obras. La fe en la práctica, por tanto, siempre produce una manifestación para que todos lo vean.

Capítulo 10, por tanto, se centra en la manifestación de la fe en la práctica. Discute cómo se adquiere, desarrolla, mantiene y madura la fe, al creyente crecer para ser como el Señor Jesucristo. El libro concluye con el énfasis en la verdad bíblica de que la manifestación de fe siempre obra por el amor de Dios

Palabra Final – La fe obra por amor - Gálatas 5:6

En 1 Corintios 13:13, las Escrituras dice: *"**Y ahora permanecen la fe, la esperanza y el amor, estos tres; pero el mayor de ellos es el AMOR**."* Por otra parte, en Gálatas 5:6, Pablo firmemente dice que la fe obra por el amor. Dios es amor y todo el que ama ha nacido de Dios y conoce a Dios - 1 Juan 4:7-8.

Claramente, AMOR, la clase de amor de Dios es el más grande y de hecho mayor que la fe y la esperanza. El amor es la base sobre la que se construye nuestra Santísima Fe. Ejercer, vivir y caminar por la fe nos obliga imperativamente a hacerlo por amor.

La fe que actúa por el amor consiste en los componentes intrínsecos a continuación:

1. La Fe es <u>**Activada**</u> por el Amor que es el amor de Dios en nuestros corazones. El amor perfecto echa fuera el miedo. La ausencia de miedo ayuda a activar nuestra fe en Dios.

2, La Fe es <u>**Energizada**</u> por amor - Una vez activada, nuestra fe es más allá energizada y alimentada por el amor de Dios en nuestros corazones

3. La Fe es <u>**Expresada**</u> por una revelación del amor de Dios en nosotros

4. La Fe Obra (produce resultados) por el amor - Para que la fe produzca resultados, debe ejercerse en un clima y suelo de amor. El Señor Jesucristo en el pasaje Marcos 11:25-26 llegó a la conclusión de la enseñanza de la oración y la fe, mediante el giro al tema del perdón. Se alude aquí que la oración en un ambiente de falta de perdón obstaculizará oraciones y los resultados deseados de lo que estamos creyendo. Para que la fe produzca resultados, el perdón y el amor deben prevalecer.

LA FE OBRA POR AMOR.

Printed in the United States
By Bookmasters